clave

Richard Carlson (1961-2006) ha sido considerado por muchos el heredero espiritual de Wayne W. Dyer. Además de tener una consulta privada en la que trata afecciones relacionadas con el estrés, es autor de *No te ahogues en un vaso de agua*; de *No te preocupes, gana dinero*, y coautor de *¡Más despacio!*

No te ahogues en un vaso de agua

RICHARD CARLSON

Traducción de
Diana Falcón

DEBOLS!LLO

Papel certificado por el Forest Stewardship Council®

MIXTO
Papel | Apoyando la
silvicultura responsable
FSC® C117695
www.fsc.org

Penguin
Random House
Grupo Editorial

Título original: *Don't Sweat The Small Stuff... And It's All Small Stuff*
Traducido de la primera edición de Hyperion, Nueva York, 1997

Sexta edición: marzo de 2015
Decimoctava reimpresión: febrero de 2024

© 1997, Richard Carlson, Ph. D.
© 1997, de la edición en castellano para España y América:
Penguin Random House Grupo Editorial, S. A. U.
Travessera de Gràcia, 47-49. 08021 Barcelona
© 1997, Diana Falcón, por la traducción
Diseño de la cubierta: Penguin Random House Grupo Editorial
Fotografía de la cubierta: © Steven Puetzer / Cover Photonica
Edición original publicada por Hyperion, Nueva York
La presente edición ha sido publicada por acuerdo con
Linda Michaels Limited, International Literary Agents
Todos los derechos reservados

Printed in Spain – Impreso en España

ISBN: 978-84-9908-267-7
Depósito legal: B-41.634-2011

Impreso en Liberdúplex
Sant Llorenç d'Hortons (Barcelona)

P 88267 C

*Dedico este libro a mis hijas, Jazzy y Kenna,
que cada día me recuerdan lo importante que es
no «sufrir por pequeñeces». Os quiero muchísimo a las dos.
Gracias por ser exactamente como sois.*

Agradecimientos

Quiero agradecer a las siguientes personas la ayuda que me han prestado en la creación de este libro: Patti Breitman, por su entusiasmo respecto a esta obra, por el aliento que me dio, y por su dedicación y sabiduría de no sufrir por pequeñeces. Y a Leslie Wells, por su visión y por sus perspicaces dotes editoriales. A las dos, muchísimas gracias.

Índice

Introducción

> El más grande descubrimiento de mi genera-
> ción es que un ser humano puede cambiar su
> vida si cambia su actitud.
>
> William JAMES

Siempre que nos enfrentamos con malas noticias, personas difíciles o decepciones de cualquier tipo, la mayoría de
nosotros reaccionamos según ciertos hábitos —en particu-
lar ante la adversidad— que no nos hacen muy buen servicio. Reaccionamos de manera exagerada, sacamos las cosas
de su justa proporción, nos aferramos a las cosas con dema-
siada fuerza y nos centramos en los aspectos negativos de la
vida. Cuando nos vemos inmovilizados por pequeñas cosas
—cuando nos irritamos, nos ponemos de malhumor y nos
molestamos con facilidad—, nuestras reacciones (exagera-
das) no sólo nos hacen sentir frustrados sino que, de hecho,
se convierten en un obstáculo para conseguir lo que queremos. Perdemos de vista el cuadro general, nos centramos en
lo negativo, y fastidiamos a otras personas que en caso contrario podrían ayudarnos. En pocas palabras, ¡vivimos nuestra existencia como si se tratara de un asunto de una enorme gravedad! A menudo corremos de un lado a otro con

aspecto de estar muy ocupados, intentando solucionar problemas, pero en realidad muchas veces somos nosotros mismos quienes creamos esos problemas. Debido a que todo nos parece cuestión de vida o muerte, acabamos dedicando nuestra existencia a solventar un drama tras otro.

Pasado algún tiempo, comenzamos a creer que todo es de verdad una cuestión de vida o muerte. No nos damos cuenta de que la forma de relacionarnos con nuestros problemas tiene muchísimo que ver con la rapidez y eficacia de las soluciones que aplicamos. Como espero que descubrirás dentro de poco, cuando adquieras el hábito de reaccionar ante la vida de modo más tranquilo, los problemas que parecían «insuperables» comenzarán a parecer más fáciles de manejar. E incluso las cosas «grandes» que son realmente estresantes no te alterarán del modo que solían hacerlo.

Por fortuna, existe otra manera de relacionarse con la vida: una forma más suave, más serena, que hace que la existencia parezca más fácil, y más compatible la gente que hay en ella. Esta «otra manera» de vivir implica el reemplazo de los viejos hábitos de «reacción» por unos nuevos hábitos de perspectiva, hábitos que nos permitirán tener una existencia más rica, más satisfactoria.

Me gustaría compartir contigo una historia que me llegó al corazón y reforzó una importante lección: una historia que demuestra el mensaje esencial de este libro. Como verás, los acontecimientos de esta historia plantaron la semilla del título de la obra que estás a punto de leer.

Hace alrededor de un año, un editor extranjero contactó conmigo para pedirme que intentara conseguir una nota de presentación del doctor Wayne Dyer, autor de bestsellers, para una edición extranjera de mi libro *You Can Feel Good Again*. Le respondí que aunque el doctor Dyer me había proporcionado una nota de esa naturaleza para un libro anterior, no tenía ni idea de si aceptaría o no volver a hacerlo. De todos modos, les dije, lo intentaría.

Como suele ser el caso en el mundo editorial, envié mi solicitud pero no obtuve respuesta. Al pasar un cierto tiempo, llegué a la conclusión de que el doctor Dyer estaba muy ocupado o no deseaba escribir la nota solicitada. Respeté esta decisión y le hice saber al editor que no podríamos utilizar el nombre del doctor para promocionar el libro. Para mí, el caso estaba cerrado.

No obstante, unos seis meses más tarde recibí un ejemplar de la edición extranjera y, para mi sorpresa, ¡justo en la cubierta estaba la antigua nota de presentación que el doctor Dyer había escrito para el libro anterior! A pesar de mis instrucciones precisas en sentido contrario, el editor extranjero había usado el texto anterior y lo había trasladado al nuevo libro. Me sentí extremadamente alterado, y preocupado por la trascendencia de aquello, así como por las posibles consecuencias. Llamé a mi agente literario, quien de inmediato contactó con el editor y exigió que el libro fuese retirado de las librerías.

En el entretanto, decidí escribirle al doctor Dyer para pedirle disculpas, explicarle la situación y las medidas que se habían tomado para rectificar el problema. Después de pasar unas pocas semanas preguntándome cómo podría reaccionar, recibí por correo la siguiente respuesta: «Richard, hay dos reglas para vivir en armonía. 1) No sufras por pequeñeces, y 2) todo son pequeñeces. Deja la nota donde está. Saludos, Wayne».

¡Y eso fue todo! Nada de sermones, nada de amenazas. Nada de sentimientos enojosos y nada de enfrentamientos. A pesar de la falta de ética del uso que se había hecho de su famoso nombre, él respondió con elegancia y humildad; nada de alharacas. Su respuesta demostró la importancia del concepto de «ir a favor de la corriente» y aprender a reaccionar con tranquilidad ante la vida.

Durante más de una década he intentado enseñar a mis clientes a abordar la vida con esta actitud de mayor aceptación. Juntos, nos enfrentamos con toda clase de problemas: estrés, problemas de relación, problemas relacionados con el trabajo, adicciones y frustración en general.

En esta obra, compartiré contigo estrategias muy específicas —cosas que puedes comenzar a hacer hoy mismo— que te ayudarán a reaccionar con mayor serenidad ante la vida. Las estrategias acerca de las que vas a leer son aquellas que han demostrado ser las más eficaces para mis clientes y lectores a lo largo de los años. También representan la manera en que procuro abordar mi propia vida: la línea de menor resistencia. Son estrategias sencillas, aunque poderosas, y serán como una guía que te ayudará a ver las cosas con mayor perspectiva y a tener una vida más relajada. Descubrirás que muchas de estas estrategias no sólo serán aplicables a acontecimientos aislados, sino a muchos de los retos más difíciles de tu vida.

Cuando «no sufras por pequeñeces», tu vida no será perfecta, pero aprenderás a aceptar con mucha menos resistencia lo que la vida tiene para ofrecerte. Como nos enseña la filosofía zen, cuando aprendas a «dejar pasar» los problemas en lugar de resistirte con todas tus fuerzas, tu vida comenzará a fluir. Conseguirás, como sugiere la plegaria de la serenidad, «cambiar las cosas que puedes cambiar, aceptar las que no puedes, y tener sabiduría para ver la diferencia». Confío en que si pones a prueba estas estrategias, aprenderás las dos reglas de la armonía: n.º 1 *no sufrir por pequeñeces*, y n.º 2 *todo son pequeñeces*. A medida que incorpores estas ideas a tu vida, comenzarás a hacer de ti una persona más plácida y afectuosa.

1

No sufras por pequeñeces

A menudo nos dejamos alterar por cosas que, al examinarlas con mayor atención, no son realmente tan tremendas. Nos obsesionamos por problemas y preocupaciones pequeños y los sacamos de su justa proporción. Por ejemplo, puede que un desconocido nos cierre el paso en medio del tráfico. En lugar de olvidarnos del asunto y continuar con la jornada sin darle más importancia, nos convencemos de que nuestro enojo está justificado. Representamos un enfrentamiento imaginario dentro de nuestra cabeza. Muchos de nosotros tal vez le hablamos luego del incidente a otra persona, en lugar de dejar el tema.

¿Por qué no nos limitamos, en cambio, a dejar que el conductor sufra su accidente en alguna otra parte? Intenta sentir compasión por esa persona y recuerda lo doloroso que resulta vivir con unas prisas tan tremendas. De este modo, podemos conservar nuestra sensación de bienestar, y evitamos tomarnos de forma personal los problemas de otras personas.

Hay muchos ejemplos similares de «pequeñeces» que surgen cada día en nuestra vida. Tanto si hemos tenido que esperar en una cola, escuchar una crítica injusta, o hacer la parte pesada del trabajo, si aprendemos a no preocuparnos por las cosas pequeñas obtendremos enormes beneficios. Es muchísima la gente que pasa una gran parte de su existencia «sufriendo por pequeñeces» hasta el punto de perder por completo el contacto con la magia y la belleza de la vida. Cuando te comprometas a alcanzar esta meta, descubrirás que tienes muchísima más energía para ser más amable y más bondadoso.

2

Haz las paces con la imperfección

Aún no he conocido a un perfeccionista absoluto cuya vida esté colmada de paz interior. La necesidad de perfección y el deseo de paz interior están en conflicto. Siempre que nos empeñamos en tener una cosa de una cierta manera, mejor de lo que ya es o está, nos hallamos, casi por definición, trabados en una batalla perdida. En lugar de sentirnos contentos y agradecidos por lo que tenemos, nos empeñamos en ver el lado negativo de las cosas y en la necesidad de corregirlo. Cuando nos centramos en lo negativo, significa que estamos insatisfechos, descontentos.

Tanto si es algo relacionado con nosotros mismos —un armario desorganizado, un arañazo en el coche, un logro imperfecto, unos quilos que nos gustaría perder—, como con las «imperfecciones» de otra persona —el aspecto, la conducta de alguien o la vida que lleva—, el simple hecho de centrarnos en la imperfección nos aparta de nuestra meta de ser amables y bondadosos. Esta estrategia no tiene nada que ver con que dejes de hacer las cosas lo mejor que puedas. Lo que se pretende es que aprendas a no centrarte demasiado en las cosas negativas, que comprendas que, aunque las cosas siempre se pueden mejorar, eso no significa que no podamos disfrutar y apreciar lo que tenemos.

La solución reside en detenerte cuando caigas en el hábito de insistir en que las cosas deberían ser diferentes de como son. Con amabilidad, recuérdate que la vida está bien como es. En ausencia de tu juicio crítico, todo estará bien. Cuando comiences a eliminar tu necesidad de perfección en todas las áreas de la vida, empezarás a descubrir la perfección en la vida misma.

3

Abandona la idea de que las personas dulces y relajadas no pueden ser grandes triunfadoras

Una de las principales razones por las que muchos de nosotros estamos siempre en estado de tensión, miedo y competitividad, y pasamos por la existencia como si se tratara de una gigantesca emergencia, es nuestro temor a que si nos volviéramos más plácidos y afectuosos dejaríamos, repentinamente, de alcanzar nuestras metas. Nos volveríamos perezosos y apáticos.

Puedes aquietar este temor por el sistema de ver que, en realidad, es justo lo contrario. El miedo y la precipitación requieren una enorme cantidad de energía y agotan la creatividad y motivación de nuestras vidas. Cuando estás atemorizado o desquiciado estás frenando tu mayor potencial, por no decir tu placer. Cualquier éxito que tengas, lo logras a pesar del miedo, no debido a él.

Yo he tenido la gran fortuna de rodearme de algunas personas muy relajadas, plácidas y afectuosas. Algunas de esas personas son autores de bestsellers, progenitores cariñosos, asesores, expertos en computadoras y altos ejecutivos. Todos ellos se sienten realizados con lo que hacen, y son muy hábiles en su actividad profesional.

He aprendido la importante lección: cuando tienes lo que quieres (paz interior), te ves menos distraído por tus necesidades, deseos y preocupaciones. Y por tanto te resulta más fácil centrarte en tus objetivos, conseguir lo que quieres y tener algo que ofrecer a los demás.

4

Toma conciencia del efecto de bola de nieve de tus pensamientos

Una técnica muy eficaz para transformarte en alguien más plácido, es tomar conciencia de con qué rapidez pueden escapar a tu control los pensamientos negativos y de inseguridad. ¿Te has fijado alguna vez en lo tenso que te pones cuando te encuentras atrapado en tus pensamientos? Y, para rematarlo, cuanto más te concentras en los detalles de lo que te trastorna, peor te sientes. Un pensamiento lleva a otro, y a otro más hasta que, en un momento dado, se apodera de ti una agitación increíble.

Por ejemplo, puede que te despiertes en medio de la noche y recuerdes que tienes que hacer una llamada telefónica al día siguiente. A continuación, en lugar de experimentar alivio por haber recordado algo tan importante, empiezas a pensar en todo lo demás que tienes que hacer mañana. Comienzas a ensayar una probable conversación con tu jefe, y eso te trastorna todavía más. Muy pronto, piensas: «No puedo creer lo ocupado que estoy. Tengo que hacer cincuenta llamadas telefónicas por día. ¿Pero qué vida es ésta?». Y esto continúa y continúa hasta que sientes lástima de ti mismo. En muchos casos no existen límites temporales para la duración de este tipo de «ataque de pensamiento». De hecho, muchos de mis clientes me han dicho que pasan los días y las noches ocupados en esta clase de ensayo mental. Huelga decir que resulta imposible sentirse bien si se tiene la cabeza llena de preocupaciones y cosas molestas.

La solución es reparar en lo que está sucediendo dentro de tu cabeza antes de que los pensamientos tengan oportunidad de adquirir impulso alguno. Cuanto antes te sorprendas en el acto de formar tu bola de nieve mental, más fácil te resultará detener el proceso. En el ejemplo que hemos visto antes, puedes advertir que ese proceso mental se ha puesto en marcha cuando comienzas a repasar la lista de lo que tienes que hacer al día siguiente. Luego, en lugar de obsesionarte con las actividades del día que se avecina, te dices a ti mismo: «Vaya, ya estamos otra vez», y de forma consciente lo cortas de raíz. Detienes ese tren de pensamiento antes de que tenga oportunidad de ponerse en marcha. A continuación puedes concentrarte en lo agradecido que te sientes por recordar la llamada telefónica que tienes que hacer, en lugar de centrarte en lo abrumado que estás. Si te has despertado en mitad de la noche, anótalo en una hoja de papel y vuelve a dormirte. Puede que incluso te interese tener papel y bolígrafo junto a la cama para cuando surjan momentos como éste.

Y, aunque de verdad seas una persona muy ocupada, recuerda que llenándote la cabeza de pensamientos acerca de lo abrumado de trabajo que estás, sólo conseguirás sentirte todavía más estresado de lo que ya estás. Intenta realizar este pequeño ejercicio la próxima vez que comiences a obsesionarte con tu programa de actividades. Te asombrará lo eficaz que puede ser.

5

Desarrolla el sentido de la compasión

Nada nos ayudará más a aumentar nuestro sentido de la perspectiva, que el desarrollo de la compasión hacia los demás. La compasión es un sentimiento de amor. Implica la voluntad de meterse en la piel de otra persona, dejar de centrarse en uno mismo e imaginar los apuros que vive otro ser humano y, de modo simultáneo, sentir cariño por esa persona. Constituye el reconocimiento de que los problemas de los demás, sus sufrimientos y frustraciones, son en todo tan reales como los nuestros propios... y a menudo mucho peores. Al reconocer este hecho e intentar ofrecer ayuda, abrimos nuestros corazones y aumentamos enormemente nuestro sentido de la gratitud.

La compasión es algo que podemos desarrollar mediante la práctica. Implica dos cosas: voluntad y acción. La voluntad no significa otra cosa que acordarse de abrir el corazón a los demás; aprender a ver que hay otras cosas y personas que tienen importancia aparte de ti mismo. La acción es simplemente «lo que haces al respecto». Puedes donar un poco de dinero o de tiempo (o ambas cosas) de modo regular para una causa afín a tus sentimientos. O quizá puedes ofrecerles una hermosa sonrisa y un saludo auténtico a las personas que te encuentras por la calle. No es tan importante lo que hagas, lo que importa es que hagas algo. Como nos recuerda la madre Teresa, «no podemos hacer grandes cosas en esta tierra. Sólo podemos hacer cosas pequeñas con gran amor».

La compasión nos ayuda a desarrollar el sentido de la gratitud, ya que hace que apartemos la atención de todas las cosas pequeñas que la mayoría de nosotros hemos aprendido a tomarnos demasiado en serio. Cuando uno se para a reflexionar acerca del milagro de la vida —el milagro de que seas incluso capaz de leer este libro—, del don de la vista, del amor y de todo el resto, descubre que muchas de las cosas que considera «asuntos importantes», en realidad no son más que «pequeñeces» que transforma en asuntos importantes.

6

Recuerda que cuando mueras, tu «carpeta de cuestiones pendientes» no estará vacía

Muchos de nosotros vivimos nuestra existencia como si el propósito secreto fuese, de alguna manera, lograr acabarlo todo. Nos vamos a dormir tarde, nos levantamos temprano, evitamos divertirnos y hacemos esperar a nuestros seres queridos. Lo triste del caso es que yo he visto a muchas personas que dejan a sus seres amados en un segundo plano durante tanto tiempo, que esos seres amados pierden el interés en mantener la relación. Yo mismo solía hacer eso. A menudo nos convencemos de que nuestra obsesión por la lista de cosas «por hacer» es sólo transitoria, y de que una vez que hayamos cumplido con esa lista estaremos serenos, relajados y felices. Pero, en la realidad, raras veces sucede así. A medida que tachamos cosas, simplemente las reemplazamos por otras nuevas.

Por naturaleza, tu «carpeta de cuestiones pendientes» está destinada a contener las cosas que deben llevarse a cabo: su finalidad no es quedar vacía. Siempre habrá llamadas que hacer, proyectos que acabar y trabajo por realizar. De hecho, puede argumentarse que una «carpeta de cuestiones pendientes» llena es esencial para el éxito. ¡Porque eso significa que estás muy solicitado!

Sin embargo, con independencia de quién seas y de lo que hagas, recuerda que nada en el mundo es más importante que tu felicidad y paz interior, y las de tus seres amados. ¡Si estás obsesionado por acabarlo todo, nunca tendrás una sensación de bienestar! En realidad, casi todo puede esperar. Son muy pocas las cosas de nuestra vida laboral que entran de verdad en la categoría de «urgencias». Si te concentras en el trabajo, las cosas quedarán acabadas a su debido tiempo.

Yo he descubierto que si me recuerdo (con frecuencia) que el propósito de la vida no es en absoluto conseguir hacerlo todo, sino disfrutar cada paso del camino y vivir una existencia llena de afecto, me resulta mucho más fácil controlar mi obsesión de acabar la lista de cosas por hacer. Recuerda que cuando mueras aún habrá asuntos inconclusos de los que ocuparse. ¿Y sabes qué? ¡Alguna otra persona lo hará por ti! No desperdicies más preciosos momentos de tu vida lamentando lo inevitable.

7

No interrumpas a los demás
ni acabes sus frases

No fue hasta hace unos pocos años cuando me di cuenta de la frecuencia con que interrumpía a los demás y/o acababa sus frases. Poco después de eso, también me di cuenta de lo destructivo que era este hábito, no sólo para el respeto y afecto que recibía de los otros, ¡sino también a causa de la tremenda cantidad de energía que se necesita para intentar estar dentro de dos cabezas al mismo tiempo! Piénsalo durante un momento. Cuando le metes prisa a alguien, le interrumpes o acabas sus frases, no sólo tienes que seguir el hilo de tus propios pensamientos, sino también el de los pensamientos de la persona a la que interrumpes. Esta tendencia (que, por cierto, es corriente en extremo entre las personas muy ocupadas) impulsa a los dos interlocutores a acelerar el habla tanto como el pensamiento. Esto, a su vez, pone nerviosas a ambas personas, las irrita y las fastidia. Resulta lisa y llanamente agotador. Constituye también la causa de muchas discusiones, porque si hay algo que a casi todo el mundo le sienta mal, es tener delante a alguien que no escucha lo que le dicen. ¿Y cómo puedes escuchar de verdad lo que está diciendo alguien, cuando estás hablando por esa persona?

Una vez que te des cuenta de que interrumpes a los demás, verás que esta insidiosa tendencia no es más que un hábito inocente en el que no habías reparado. Esto es una buena noticia, porque significa que lo único que tienes que hacer es contenerte cuando te descubras interrumpiendo a alguien. Recuerda (si es posible antes de que comience una conversación) que has de ser paciente y esperar. Di para ti mismo que debes permitir que la otra persona acabe de hablar antes de tomar la palabra. Advertirás, de inmediato, lo mucho que mejora tu relación con las otras personas como resultado directo de este sencillo acto. La gente con quien te comuniques estará mucho más relajada cuando se sienta oída y escuchada. También advertirás cuánto más relajado estarás tú cuando dejes de interrumpir a los demás. Tu ritmo cardíaco y pulso se enlentecerán, y empezarás a disfrutar de tus conversaciones en lugar de pasar apresuradamente por ellas. Ésta es una manera fácil de convertirse en una persona más relajada y afectuosa.

8

Haz algo bueno por otra persona... y no se lo cuentes a nadie

Aunque muchos de nosotros hacemos a menudo cosas buenas por otras personas, es casi seguro que mencionamos nuestros actos de bondad ante alguien más, buscando secretamente su aprobación.

El hecho de compartir con otros nuestra bondad o generosidad, hace que nos sintamos personas consideradas, nos recuerda lo buenos que somos y cuánto merecemos la amabilidad de los demás.

Aunque todos los actos de bondad son inherentemente maravillosos, existe algo todavía más mágico en hacer algo considerado por alguien y no decírselo a nadie, nunca. Siempre nos sentimos bien cuando damos algo a otras personas. En lugar de diluir los sentimientos positivos hablándoles a otros de tu bondad, al guardarla para ti mismo retienes la totalidad de esos sentimientos positivos.

Es cierto que uno debería dar por el simple hecho de dar, no para recibir algo a cambio. Y eso es precisamente lo que haces cuando no hablas de tu bondad ante otras personas: tu recompensa son las agradables sensaciones que se derivan del acto de dar. La próxima vez que hagas algo bueno por alguien, guárdatelo para ti y deléitate en el abundante júbilo de dar.

9

Deja que los otros se lleven la gloria

Hay algo mágico que le sucede al espíritu humano, una sensación de serenidad que se apodera de ti, cuando dejas de necesitar que toda la atención se centre en tu persona y en cambio permites que los otros se lleven la gloria.

Nuestra necesidad excesiva de atención proviene de esa parte egocéntrica de nosotros que dice: «Mírame. Soy especial. Mi historia es más interesante que la tuya». Es esa voz interna nuestra la que, aunque puede que no lo diga en voz alta, quiere creer que «mis logros son ligeramente más importantes que lo tuyos». El ego es esa parte de nosotros que quiere que lo vean, oigan, respeten, consideren especial, a menudo a expensas de alguna otra persona. Es la parte de nosotros que interrumpe la narración de otros, o espera con impaciencia su turno de hablar con el fin de llevar la conversación y la atención de vuelta a su propia persona. En diferentes grados, la mayoría de nosotros nos entregamos a este hábito, muy para detrimento de nosotros mismos. Cuando te lanzas de inmediato a llevar la conversación de vuelta a ti mismo, puedes minimizar de modo sutil el placer que siente la otra persona al compartir cosas, y al hacer esto creas distancia entre tú y quienes te rodean. Todo el mundo pierde.

La próxima vez que alguien te cuente una historia o comparta contigo un logro propio, fíjate en tu tendencia a decir algo acerca de ti mismo como respuesta.

Aunque se trata de un hábito difícil de romper, tener la callada confianza que te permita vencer la necesidad de atención y compartir en cambio la alegría de la gloria que recibe otro, no sólo resulta agradable sino que de hecho aporta placidez. En lugar de saltar y decir: «Yo hice lo mismo una vez» o «A que no adivinas lo que hice hoy», muérdete la lengua y fíjate en lo que sucede. Di simplemente: «Eso es fantástico» o «Por favor, cuéntame más», y déjalo ahí. La persona que esté hablando se divertirá mucho más y, dado que tú estarás mucho más «presente», dado que estarás escuchando con tanta atención, tu interlocutor no tendrá la sensación de estar compitiendo contigo. El resultado será que esa persona se encontrará mucho más relajada cuando esté contigo, cosa que hará que se sienta más confiada, a la vez que más interesante. También tú te sentirás más relajado porque no estarás en el borde de la silla, esperando para intervenir.

Obviamente, existen muchas ocasiones en las que resulta por completo apropiado intercambiar experiencias mutuas y compartir la gloria y la atención en lugar de renunciar a ellas en favor de otros. A lo que yo me refiero es a la necesidad impulsiva de arrebatárselas a los demás. Irónicamente, cuando renuncias a la necesidad de acaparar la gloria, esa necesidad se ve reemplazada por una callada seguridad que nace del hecho de dejar que se la lleven otros.

10

Aprende a vivir en el momento presente

En gran parte, la medida de nuestra paz mental está determinada por nuestra capacidad de vivir en el momento presente. Prescindiendo de lo que haya sucedido ayer o el año pasado, y de lo que pueda o no pasar mañana, ahora estás en el presente... ¡siempre!

Sin duda, muchos de nosotros hemos llegado a dominar el neurótico arte de pasar buena parte de la vida preocupados por un sinfín de cosas... todas a la vez. Permitimos que los problemas pasados y las preocupaciones futuras dominen nuestros momentos presentes, tanto que acabamos ansiosos, frustrados, deprimidos y desesperanzados. Por otro lado, también posponemos nuestras gratificaciones, nuestras prioridades manifiestas y nuestra felicidad, a menudo convenciéndonos de que «algún día» tendremos una vida mejor. Por desgracia, esa dinámica mental que nos dice que miremos hacia el futuro, no hará sino repetirse, de manera que ese «algún día» no llegará jamás. John Lennon dijo una vez que «la vida es lo que sucede mientras estás ocupado en hacer otros planes». Mientras estamos ocupados en hacer «otros planes», nuestros hijos están ocupados en crecer, las personas a las que queremos se mudan de domicilio y mueren, nuestros compañeros pierden la forma física, y los sueños se nos escapan de las manos. En pocas palabras, se nos pasa por alto la vida.

Mucha gente vive como si la existencia fuese un ensayo general de alguna fecha posterior. No lo es. De hecho, nadie tiene la garantía de que estará aquí mañana. El ahora es lo único que tenemos, y el único tiempo sobre el que tenemos algún control. Cuando la atención se concentra en el momento presente, apartamos el miedo de nuestra mente. El miedo es una preocupación por acontecimientos que podrían suceder en el futuro: no tendremos dinero suficiente, nuestros hijos se meterán en problemas, envejeceremos y moriremos, lo que sea.

Para combatir el miedo, la mejor estrategia es aprender a llevar la propia atención de vuelta al presente. Mark Twain dijo: «He pasado por algunas cosas terribles en mi vida, algunas de las cuales sucedieron de verdad». No creo que yo pueda expresarlo mejor. Practica en mantener la atención fija en el aquí y ahora. El esfuerzo rendirá beneficios espléndidos.

11

Imagina que todo el mundo es preclaro, excepto tú

Esta estrategia te proporciona la oportunidad de practicar algo que probablemente te resulte por completo inaceptable. Sin embargo, si la pones a prueba puede que descubras que es uno de los ejercicios más útiles de autosuperación.

Como sugiere el título, la idea consiste en imaginar que todas las personas que conoces y todas las personas con las que te encuentres a partir de ahora, son preclaras. Es decir, todas, ¡excepto tú! Todas las personas con las que te encuentres tendrán algo que enseñarte. Tal vez el conductor ofensivo o el adolescente irrespetuoso estén aquí para enseñarte paciencia, el *punk rocker* podría enseñarte a no juzgar tanto a los demás.

Tu cometido es intentar determinar lo que tratan de enseñarte las personas que hay en tu vida. Descubrirás que si haces esto te sentirás muchísimo menos fastidiado, molesto y frustrado a causa de las acciones e imperfecciones de los otros. De hecho, es posible que te acostumbres a abordar la vida de esta manera y, si lo haces, ten por seguro que no te arrepentirás. Cuando uno descubre lo que alguien está intentando enseñarle, resulta fácil deshacerse de la frustración. Por ejemplo, supón que te encuentras en la oficina de correos y que el empleado parece estar moviéndose con intencionada lentitud. En lugar de sentirte frustrado, formúlate la siguiente pregunta: «¿Qué está tratando de enseñarme?». Tal vez tengas que aprender a ser más compasivo: ¡qué duro sería tener un empleo que no te gustase! O quizá podrías aprender a ser un poco más paciente. Hacer cola es una oportunidad excelente para romper tu hábito de sentir impaciencia.

Puede que te sorprenda lo divertido y fácil que resulta hacer esto. En realidad, lo único que estás haciendo es cambiar tu percepción de «¿por qué están haciendo esto?» a «¿qué están intentando enseñarme?». Échales hoy un vistazo a todas las personas preclaras que te rodean.

12

Permite que los demás tengan «razón» en la mayoría de las ocasiones

Una de las más importantes preguntas que puedes hacerte jamás, es la siguiente: «¿Quiero tener razón... o quiero ser feliz?». ¡Muchas veces, las dos cosas se excluyen mutuamente!

Tener razón, defender nuestras posiciones, requiere un enorme esfuerzo mental y a menudo nos enemista con las personas que forman parte de nuestra vida. La necesidad de tener razón —o la necesidad de que otra persona esté equivocada— hace que los demás se pongan a la defensiva, y nos impone la presión de continuar defendiendo nuestros puntos de vista. Sin embargo, muchos de nosotros (también yo, en ocasiones) gastamos una enorme cantidad de tiempo y energía intentando demostrar (o señalar) que tenemos razón... y/o que otros se equivocan. Muchas personas, consciente o inconscientemente, creen que de alguna forma su cometido es demostrarles a los demás que sus posiciones, afirmaciones o puntos de vista son incorrectos y que, al hacer esto, la persona a quien corrigen va a agradecerlo de alguna manera o, al menos, aprenderá algo. ¡Error!

Piénsalo bien. ¿Alguna vez le has dicho a una persona que pretendiera tener razón y te haya corregido: «Muchísimas gracias por demostrarme que estaba equivocado y que tú tienes razón. Ahora lo veo. ¡Muchacho, eres fantástico!»? ¿O te ha dado alguien las gracias alguna vez (o al menos se ha mostrado de acuerdo contigo) cuando le has corregido, o has demostrado tener «razón» a sus expensas? Por supuesto que no. La verdad es que todos detestamos que nos corrijan. Todos queremos que nuestras posiciones sean respetadas y comprendidas por los demás. Ser escuchado y oído constituye uno de los más grandes deseos del corazón humano. Y aquellos que aprenden a escuchar son los más queridos y respetados. Aquellos que tienen el hábito de corregir a los demás, son a menudo objeto de resentimiento y se les evita.

No se trata de que nunca sea apropiado tener razón… a veces, uno lo necesita o lo quiere realmente. Tal vez haya determinadas posiciones filosóficas con las que uno no quiera condescender, como cuando oye un comentario racista. En ese caso, es importante decir lo que se piensa. Habitualmente, sin embargo, lo que sucede es que nuestro ego aflora y estropea un encuentro por lo demás pacífico… el hábito de querer o necesitar tener razón.

Una estrategia maravillosa y cordial destinada a convertirte en alguien más plácido y afectuoso, consiste en la práctica de dejarles a los demás la alegría de tener razón… de llevarse la gloria. Deja de corregir. Por duro que pueda resultar cambiar este hábito, vale la pena cualquier esfuerzo y práctica que requiera. Cuando alguien diga: «Realmente pienso que es importante…», en lugar de saltar y decir: «No, es más importante…» o cualquiera de los centenares de otras fórmulas de censura, limítate a dejarlo correr y permitir que la declaración quede sin discutir. Las personas que te rodean estarán menos a la defensiva y se volverán más afectuosas. Te apreciarán más de lo que jamás habrían imaginado, aunque ellas mismas no sepan con exactitud el porqué. Descubrirás el júbilo de participar de la felicidad de los demás, cosa que resulta mucho más gratificante que una batalla de egos. No tienes necesidad de sacrificar tus más profundas verdades filosóficas ni tus más sinceras opiniones, pero, a partir de hoy, ¡permite que los demás tengan «razón» en la mayoría de las ocasiones!

13

Sé más paciente

La paciencia es una de las cualidades que más te ayudarán a crearte una personalidad más plácida y afectuosa. Cuanto más paciente seas, más fácil te resultará aceptar las cosas tal y como son, en lugar de insistir en que tienen que ser como a ti te gustaría. Sin paciencia, la vida resulta extremadamente frustrante. Te sientes fastidiado, molesto e irritado con facilidad. La paciencia añade una dimensión de comodidad y tranquilidad a tu vida. Resulta esencial para la paz interior.

Hacerse paciente implica abrir el corazón al momento presente, aun a pesar de que no te guste. Si te encuentras en medio de un atasco de tráfico o llegas tarde a una cita, abrirte al momento significaría detenerte en el proceso de hacer una bola de nieve mental antes de que el pensamiento se te escape de las manos, y recordarte con amabilidad que debes relajarte. También podría ser un buen momento para respirar, así como una oportunidad para recordarte a ti mismo que, dentro del esquema más amplio de las cosas, llegar tarde es una «pequeñez».

La paciencia también implica ver la inocencia en los demás. Mi esposa, Kris, y yo tenemos dos hijas de cuatro y siete años. En muchas ocasiones mientras estoy escribiendo este libro, nuestra hija de cuatro años ha entrado en mi despacho y ha interrumpido mi trabajo, cosa que puede ser demoledora para un escritor. Lo que he aprendido a hacer (en la mayoría de las ocasiones) es ver la inocencia de su comportamiento en lugar de centrarme en las consecuencias potenciales de dichas interrupciones: «No acabaré el trabajo, perderé el hilo de mis pensamientos, ésta era la única oportunidad que tenía hoy para escribir», y así sucesivamente. Me recuerdo a mí mismo por qué entra a verme: porque me quiere, no porque esté conspirando para estropear mi trabajo. Cuando me acuerdo de ver la inocencia, aflora de inmediato un sentimiento de paciencia, y mi atención es arrastrada de vuelta al momento presente. Cualquier irritación que pueda haber estado creciendo dentro de mí queda eliminada, y recuerdo, una vez más, lo afortunado que soy por tener dos hijas tan hermosas. He descubierto que, si miras lo bastante profundamente, casi siempre puedes ver la inocencia en otras personas, así como en las situaciones potencialmente frustrantes. Si lo haces, tú también te convertirás en una persona más paciente y plácida y, de alguna forma, descubrirás que comienzas a disfrutar de muchos de los momentos que solían causarte frustración.

14

Establece «períodos de práctica de la paciencia»

La paciencia es una cualidad del corazón que puede reforzarse muchísimo mediante la práctica deliberada. Una manera eficaz que he descubierto para aumentar mi paciencia, es establecer períodos de práctica, períodos de tiempo durante los que me propongo practicar el arte de la paciencia. La vida misma se transforma en un aula de clase, y la asignatura es la paciencia.

Puedes empezar con apenas cinco minutos e ir aumentando tu capacidad de paciencia con el tiempo. Comienza por decirte a ti mismo: «Bien, durante los próximos cinco minutos no me permitiré molestarme por nada. Seré paciente». Lo que descubrirás es verdaderamente asombroso. La intención de ser paciente, en especial si sabes que será sólo durante poco rato, aumentará de inmediato tu capacidad de tener paciencia. Ésta es una de esas cualidades especiales en las que el éxito se alimenta de sí mismo. Una vez que hayas llevado a cabo pequeños propósitos —cinco minutos de paciencia—, comenzarás a ver que, en efecto, tienes la capacidad de ser paciente incluso durante períodos de tiempo más largos. A medida que pase el tiempo, es posible que acabes por convertirte en una persona paciente.

Puesto que tengo niñas pequeñas en casa, dispongo de muchas oportunidades para practicar el arte de la paciencia. Por ejemplo, si algún día las dos me acribillan a preguntas mientras intento hacer llamadas telefónicas, me digo: «Ahora es un momento fantástico para ser paciente. Durante la próxima media hora voy a ser tan paciente como me sea posible» (¡como ves, he trabajado de firme, ya voy por los treinta minutos!). Bromas aparte, funciona de verdad... y ha funcionado dentro de nuestra familia. Dado que conservo la serenidad y no me permito sentirme molesto ni alterado, puedo, con calma aunque con firmeza, dirigir el comportamiento de mis hijas con muchísima mayor eficacia que cuando estoy enfadado. El simple hecho de dirigir mi mente hacia la paciencia, me permite permanecer en el momento presente durante mucho más tiempo que si estuviera alterado, pensando en todas las ocasiones anteriores en que ha sucedido esto y sintiéndome como un mártir. Lo que es más, mis sentimientos a menudo resultan contagiosos: se les comunican a las crías, que entonces deciden, por su propia cuenta, que no es nada divertido molestar a papá.

Ser paciente me permite no perder el sentido de la perspectiva. Puedo recordar, incluso en medio de una situación difícil, que lo que tengo delante —el reto del momento— no es una «cuestión de vida o muerte», sino un simple obstáculo que hay que solucionar. Sin la paciencia, las mismas circunstancias pueden convertirse en una tremenda emergencia adornada con chillidos, frustración, sentimientos heridos y presión sanguínea alta. La verdad es que todo eso no merece la pena. Tanto si necesitas tratar con tus hijos, como con tu jefe, o con una persona o situación difíciles, si no quieres «sufrir por pequeñeces», aprender a ser más paciente es una manera fantástica de comenzar.

15

Sé el primero en actuar afectuosamente o tender la mano

Somos muchísimas las personas que nos aferramos a resentimientos que podrían haberse originado en una discusión, un malentendido, en la forma como fuimos criados, o en cualquier otro acontecimiento doloroso. Con testarudez, esperamos a que sea la otra persona quien nos tienda la mano, convencidos de que es la única manera de que podamos perdonar o reavivar la llama de una amistad o relación familiar.

Una conocida mía, cuya salud no es muy buena, me contó recientemente que hace casi tres años que no habla con su hijo. «¿Por qué no?», le pregunté yo. Me respondió que su hijo y ella habían tenido un desacuerdo a causa de la esposa de él, y que no quería volver a hablar con él a menos que fuese él quien llamara primero. Cuando le sugerí que fuese ella quien diera el primer paso, se resistió al principio y dijo: «No puedo hacer eso. Es él quien tiene que disculparse». Estaba literalmente dispuesta a morir con tal de no ser la primera en tenderle la mano a su único hijo. No obstante, después de alentarla con dulzura, decidió ser ella la primera en romper el hielo. Para su propio asombro, el hijo se mostró agradecido por la disposición de ella a llamarlo, y le pidió disculpas por iniciativa propia. Como suele ser el caso cuando alguien corre el riesgo de tender la mano, todos salen ganando.

Siempre que nos aferramos a nuestro enojo, convertimos las «pequeñeces» en «asuntos importantes» dentro de nuestra mente. Comenzamos a creer que nuestra postura ante las cosas es más importante que nuestra felicidad. No lo es. Si quieres ser una persona más plácida, debes entender que tener razón casi nunca es más importante que ser feliz. Olvidar y tender la mano es lo único que te permitirá ser feliz. Deja que sean otros quienes tengan razón. Eso no significa que tú estés equivocado. Todo irá bien. Tú experimentarás la paz que conlleva dejar correr las cosas, así como la alegría de permitir que otros tengan razón. También te darás cuenta de que, al tender la mano y dejar que los demás tengan «razón», ellos estarán menos a la defensiva y se mostrarán más afectuosos contigo. Puede que incluso te respondan tendiendo también su mano. Pero, si por algún motivo no lo hicieran, no importa. Tendrás la satisfacción interior de haber hecho tu parte para crear un mundo más afectuoso, y ciertamente te sentirás más en paz contigo mismo.

16

Plantéate la pregunta:
«¿Tendrá esto importancia dentro de un año?»

Casi cada día juego conmigo mismo a lo que yo llamo «plegamiento temporal». Es algo que inventé como respuesta ante mi equivocada creencia de que aquello que me alteraba era realmente importante.

Para jugar al «plegamiento temporal», lo único que tienes que hacer es imaginarte que cualquier circunstancia en la que te encuentres no está sucediendo ahora mismo sino dentro de un año. Luego, sencillamente te preguntas: «¿Esta situación es de verdad tan importante como yo creo?». Una vez cada mucho tiempo puede que lo sea... pero en la enorme mayoría de los casos sencillamente no lo es, y así hay que tomarla.

Tanto si se trata de una discusión con tu cónyuge, hijo o jefe, como de un error, una oportunidad perdida, una billetera extraviada, un rechazo en un trabajo o una torcedura de tobillo, dentro de un año no va a tener importancia alguna para ti. Será un detalle irrelevante más de tu vida. Aunque este sencillo juego no va a resolver todos tus problemas, puede proporcionarte una enorme cantidad de ese necesario sentido de la perspectiva. Gracias a esta estrategia, he aprendido a reírme de cosas que antes me tomaba demasiado en serio. Ahora, en lugar de agotar mis energías sintiéndome enojado o abrumado, puedo dedicarlas a pasar tiempo con mi esposa y mis hijas, o entregado al pensamiento creativo.

17

Ríndete al hecho de que la vida no es justa

Una amiga mía, en respuesta a una conversación que manteníamos acerca de la injusticia de la vida, me formuló la siguiente pregunta: «¿Quién ha dicho que la vida tuviese que ser justa, o que estuviese siquiera destinada a serlo?». Era una buena pregunta. Me recordó algo que me enseñaron cuando era joven: la vida no es justa; se parece a una pesadilla, pero es absolutamente real. Irónicamente, el reconocimiento de este hecho tan grave puede resultar muy liberador.

Uno de los errores que muchos de nosotros cometemos es que sentimos lástima por nosotros mismos, o por otros, al pensar que la vida debería ser justa, o que algún día llegará a serlo. Ni lo es ni lo será. Nos condolemos con otros al hablar de las injusticias de la vida. «No es justa», nos quejamos, sin darnos cuenta de que tal vez nunca ha estado destinada a serlo.

Una de las cosas buenas que tiene rendirse al hecho de que la vida no es justa, reside en que evita que sintamos lástima por nosotros mismos, ya que nos impulsa a hacer las cosas todo lo mejor que podamos con lo que tenemos. Por sí misma, la vida no tiene por qué ser perfecta; que lo sea o no depende únicamente de nosotros. Rendirnos a este hecho también evita que sintamos lástima por otras personas, porque nos recuerda que a cada uno se le reparten cartas diferentes, y que la naturaleza y las circunstancias de cada cual son distintas. Comprender esto me ha ayudado a enfrentarme a los problemas inherentes a la crianza de dos criaturas, a las difíciles decisiones que he tenido que tomar acerca de a quién puedo ayudar y a quién no, así como a mis propios conflictos personales durante los momentos en los que me he sentido injustamente tratado. Casi siempre me hace regresar a la realidad y me devuelve el equilibrio.

El hecho de que la vida no sea justa no significa que nosotros no debamos hacer todo lo que esté en nuestro poder para mejorar nuestras existencias o el mundo en su conjunto. Muy por el contrario, eso es lo que deberíamos hacer. Cuando no reconocemos ni admitimos que la vida no es justa, tendemos a sentir lástima por los demás y por nosotros mismos. La lástima, por supuesto, es una emoción derrotista que no beneficia a nadie, sólo consigue hacer que todos se sientan todavía peor. Sin embargo, cuando reconocemos que la vida no es justa, lo que sentimos por los demás y por nosotros mismos es compasión. Y la compasión es una emoción profunda que transmite afecto y bondad a todas las personas que la sienten. La próxima vez que te encuentres pensando en las injusticias del mundo, intenta recordar este hecho tan básico. Tal vez te sorprenda comprobar que has dejado de sentir lástima por ti mismo y quieres hacer algo provechoso.

18

Permítete estar aburrido

En la mayoría de los casos, nuestra vida está tan llena de estímulos, por no mencionar las responsabilidades, que nos resulta casi imposible sentarnos y no hacer nada, mucho menos relajarnos... ni siquiera durante unos pocos minutos. Un amigo mío me dijo: «Las personas ya no somos seres humanos. Deberíamos llamarnos haceres humanos».

La primera vez que se me ocurrió la idea de que el aburrimiento ocasional podía de verdad ser bueno para mí, fue mientras estudiaba con un terapeuta en La Conner, Washington, una población muy pequeña con muy poco «que hacer». Al concluir el primer día que pasamos juntos, le pregunté a mi profesor: «¿Qué se puede hacer aquí por las noches?». Él me contestó lo siguiente: «Lo que me gustaría es que te permitieras aburrirte. No hacer nada. Es parte de tu formación». ¡Al principio, pensé que estaba bromeando! «¿Y por qué, si puede saberse, tendría que decidir aburrirme?», le pregunté. Él me explicó entonces que si te permites aburrirte, aunque sea durante una hora —o menos—, y no luchas contra ello, la sensación de aburrimiento acaba por ser reemplazada por sensación de paz. Y con la práctica, aprendes a relajarte.

Muy para mi sorpresa, resultó que tenía mucha razón. Al

principio, apenas podía soportarlo. Estaba tan habituado a hacer algo durante cada segundo, que realmente tuve que luchar para relajarme. Pero pasado un rato me acostumbré, y hace tiempo ya que he aprendido a disfrutar de ello. No estoy hablando de horas de ociosidad ni de haraganería, sino sólo de aprender el arte de relajarse, de «ser», sencillamente, en lugar de «hacer», durante unos pocos minutos al día. No existe ninguna técnica específica para esto, aparte de no hacer nada de forma consciente. Limítate a sentarte, tal vez mirar por la ventana y reparar en tus pensamientos, sensaciones y sentimientos. Al principio puede que te sientas un poco ansioso, pero cada día te resultará un poco más fácil. La compensación es tremenda.

Una gran parte de nuestra ansiedad y nuestros conflictos se originan en nuestras mentes ocupadas, hiperactivas, que siempre necesitan algo con lo que entretenerse, algo en lo que concentrarse, y no dejan de preguntarse: «¿Y qué viene ahora?». Mientras tomamos la cena nos preguntamos qué hay de postre. Mientras ingerimos el postre, nos preguntamos qué deberíamos hacer a continuación. Después de la velada, lo siguiente es: «¿Qué deberíamos hacer este fin de semana?». Después de haber estado fuera, entramos en casa y de inmediato encendemos el televisor, cogemos el teléfono, abrimos un libro o empezamos a limpiar. Es casi como si nos asustara la idea de no hacer nada, incluso durante un minuto.

Lo hermoso de no hacer nada es que te enseña a despejar la mente y relajarte. Le permite a tu mente la libertad de «no saber» durante un período breve de tiempo. Al igual que el cuerpo, la mente necesita un descanso ocasional de su agitada rutina. Cuando permites que tu mente se tome un descanso, regresa más fuerte, más aguda, más capaz de concentrarse y más creativa.

Cuando te permites aburrirte, te liberas de una enorme cantidad de la presión que te impulsa a actuar y a tener ocupado hasta el último segundo de cada día Ahora, cuando alguna de mis hijas me dice: «Papá, estoy aburrida», le contesto lo siguiente: «Fantástico, abúrrete durante un rato. Es bueno para ti». Cuando digo esto, renuncian a la idea de que yo les voy a resolver el problema. Es probable que nunca hayas pensado que alguien llegaría a sugerirte en serio que te permitieras estar aburrido. ¡Supongo que hay una primera vez para todo!

19

Disminuye tu tolerancia para el estrés

Da la impresión de que en nuestra sociedad hacemos las cosas al revés. Tendemos a admirar a las personas que se encuentran bajo un gran estrés, a las que pueden soportar grandes cargas de estrés, y a aquellas que se hallan bajo grandes presiones. Cuando alguien dice: «He trabajado realmente de firme» o «Estoy realmente estresado», se nos enseña a admirar, e incluso a emular, el comportamiento de esa persona. En mi trabajo como terapeuta de estrés, oigo casi cada día las siguientes palabras, pronunciadas con orgullo: «Tengo una enorme tolerancia para el estrés». ¡No creo que sea ninguna sorpresa si digo que cuando estas personas agotadas por el estrés llegan por primera vez a mi consulta, lo que esperan es que les proporcione estrategias para aumentar su tolerancia al estrés con el fin de poder soportar todavía más!

Por fortuna, en nuestro entorno emocional existe una ley inevitable que podría expresarse más o menos así: en cada momento, nuestro grado de estrés será exactamente el de nuestra tolerancia para el estrés. Si te fijas, verás que la gente que dice: «Yo puedo soportar muchísimo estrés», ¡siempre se encuentra bajo una gran tensión! Así pues, si le enseñas a la gente a incrementar su tolerancia al estrés, sucederá eso con total exactitud. Aceptarán todavía más confusión y responsabilidad hasta que, una vez más, la carga de estrés coincida con su grado de tolerancia. Por lo general, hace falta alguna clase de crisis para despertar a una persona estresada y hacerle ver su locura —un cónyuge le abandona, surge un problema de salud, una adicción grave comienza a dominar su vida—: algo que los empuje a buscar un nuevo tipo de estrategia.

Puede que parezca extraño, pero si te matricularas en el taller promedio de control del estrés, lo que probablemente aprenderías sería a incrementar tu tolerancia al estrés. ¡Al parecer, incluso los terapeutas de estrés están estresados!

Lo que necesitas es detectar el estrés en una etapa temprana, antes de que se te escape de las manos. Cuando sientas que tu mente avanza demasiado aprisa, es momento de detenerse y recobrar la orientación. Cuando te encuentras con que no puedes cumplir con el programa que has establecido, es momento de aminorar la marcha y reconsiderar cuáles son las auténticas prioridades, en lugar de obstinarte en abarcarlo todo. Cuando sientes que pierdes el control y te resientes por todo lo que tienes que hacer, en lugar de remangarte y «ponerte a ello», una estrategia más eficaz es relajarte, respirar profundamente unas cuantas veces y salir a dar un corto paseo. Si reparas en que estás estresándote demasiado —al principio, antes de que las cosas escapen a tu control—, descubrirás que el estrés es como la proverbial bola de nieve que baja rodando por la ladera de una montaña. Cuando es pequeña, se la puede manipular y resulta fácil de controlar. Una vez que adquiere impulso, sin embargo, resulta difícil, cuando no imposible, detenerla.

No hay ninguna necesidad de preocuparse por la posibilidad de que no logres hacerlo todo. Cuando tengas la mente despejada y en calma y la carga de estrés se vea reducida, serás más eficaz y disfrutarás más. Al reducir tu tolerancia al estrés, te encontrarás con que tienes menos estrés que soportar, así como más ideas creativas para aliviar el estrés que te quede.

20

Una vez por semana, escribe una carta cordial

Éste es un ejercicio que ha ayudado a cambiar muchas vidas, al contribuir a que las personas se vuelvan más plácidas y afectuosas. Dedicar unos minutos de cada semana a escribir una carta cordial es algo que obra muchas cosas en tu favor. El acto de tomar un bolígrafo o pulsar un teclado te hace aminorar la marcha durante el tiempo suficiente como para recordar a las personas que dan sentido a tu vida. El hecho de sentarte a escribir te ayuda a llenar tu vida de gratitud.

Una vez que te decidas a poner este ejercicio en práctica, es posible que te sorprendas al ver cuántas personas aparecen en tu lista. Yo tuve un cliente que me dijo: «Es probable que no me queden suficientes semanas en toda la vida para escribirles a todas las personas de la lista». Puede que éste no sea tu caso, pero seguramente hay en tu vida o en tu pasado muchas personas que son dignas merecedoras de una carta amistosa y cordial. Y aun en el caso de que en tu vida no haya personas a las que sientas que puedes escribirles, hazlo de todas formas y dirige la carta a alguien a quien no conozcas: tal vez a un escritor que quizá ni siquiera esté vivo y cuya obra admiras. O a un gran inventor o pensador del pasado o del presente. Una parte del valor de la carta es orientar tu pensamiento hacia la gratitud. El acto de escribirla, a pesar de que no la envíes, conseguirá exactamente eso.

El propósito de tu carta es bien sencillo: expresar afecto y gratitud. No te preocupes si no eres diestro escribiendo cartas. No se trata de un concurso, sino de hacer un regalo que te nazca del corazón. Si no se te ocurren muchas cosas que decir, empieza por notas cortas como: «Querida Jasmine, esta mañana me he despertado pensando en lo afortunado que soy por tener personas como tú en mi vida. Muchas gracias por ser amiga mía. Soy realmente afortunado y te deseo toda la felicidad y alegría que la vida pueda darte. Con cariño, Richard».

Escribir y enviar una nota como ésta no sólo te hará ver las cosas positivas que hay en tu vida, sino que, con toda probabilidad, la persona que la reciba se sentirá extremadamente conmovida y agradecida. A menudo, este simple acto supone el inicio de una serie de acciones del mismo calibre por parte de la otra persona, que tal vez se sentirá impulsada a hacer por otros lo mismo que tú has hecho por ella, o actuará y sentirá un mayor afecto por los demás. Escribe la primera carta esta misma semana. Apuesto a que te alegrarás de haberlo hecho.

21

Imagínate que asistes a tu propio funeral

Esta estrategia le resulta un poco atemorizadora a algunas personas, pero es un remedio universal para recordarnos qué es más importante en nuestra existencia.

Cuando volvamos los ojos sobre nuestras vidas, ¿cuántos de nosotros vamos a sentirnos contentos por lo que hemos sido? Casi de modo unánime, cuando la gente vuelve la vista atrás para examinar su vida desde el lecho de muerte, desearía que sus prioridades hubieran sido muy diferentes. Salvo pocas excepciones, desearían no haber «sufrido por pequeñeces» tan a menudo, haber pasado más tiempo con las personas a las que querían realmente y en las actividades que les gustaban de verdad, y haberse preocupado menos por cosas que, vistas con la perspectiva que da la muerte, no parecen tan importantes. El hecho de imaginarte en tu propio funeral, te permite volver los ojos para examinar tu vida mientras aún tienes la oportunidad de realizar cambios importantes.

Aunque puede resultar un poco atemorizador o doloroso, constituye una buena idea considerar tu propia muerte y, de paso, también tu vida. El hacerlo te recordará qué clase de persona quieres ser y cuáles son tus prioridades. Si te pareces a mí un poco, es probable que recibas una llamada de atención que puede constituir una excelente fuente de cambios.

22

Repite para ti mismo:
«La vida no es una emergencia»

En algunos sentidos, esta estrategia resume el mensaje esencial del presente libro. A pesar de que la mayoría de la gente cree lo contrario, la verdad es que la vida no es una emergencia.

He tenido centenares de clientes, a lo largo de los años, que casi han descuidado a sus familias, así como sus propios sueños, debido a su propensión a creer que la vida es una emergencia. Justifican su comportamiento neurótico mediante la creencia de que si no trabajan ochenta horas por semana, no conseguirán acabarlo todo. ¡A veces les recuerdo que cuando mueran su «carpeta de cosas pendientes» seguirá estando llena!

Una cliente que es ama de casa y madre de tres hijos, me comentó hace poco: «Simplemente, no consigo tener la casa limpia como me gusta, antes de que todos se marchen por la mañana». Estaba tan alterada por su incapacidad para ser perfecta, que el médico tuvo que recetarle un ansiolítico. Actuaba (y se sentía) como si tuviera una pistola apuntándole a la cabeza y el tirador estuviera exigiéndole que todos los platos estuviesen guardados y todas las toallas dobladas... ¡o si no...! Una vez más, la silenciosa suposición era:

¡esto es una emergencia! La verdad es que nadie más que ella había creado la presión a la que se veía sometida.

Nunca he conocido a nadie (yo mismo incluido) que no haya convertido cosas pequeñas en grandes emergencias. Nos tomamos nuestras metas tan en serio que olvidamos divertirnos por el camino, y olvidamos concedernos un respiro. Tomamos simples preferencias y las transformamos en condiciones para nuestra propia felicidad. O nos damos de bofetadas si no podemos cumplir con los plazos que nos hemos impuesto nosotros mismos. El primer paso para convertirte en una persona más plácida, consiste en tener la humildad de admitir que, en la mayoría de los casos, eres tú quien hace que las cosas sean un problema. La vida habitualmente continuará adelante aunque las cosas no vayan de acuerdo con lo planeado. Resulta útil que no dejes de recordar y repetirte la frase siguiente: «La vida no es una emergencia».

23

Experimenta con tu «fuego lento»

Tu fuego lento es una herramienta excelente para recordar un hecho o hacer surgir una intuición. Es una forma de usar la mente que casi no requiere esfuerzo, y sin embargo resulta eficaz, cuando de otro modo podrías comenzar a sentirte estresado. Utilizar tu fuego lento significa dejar que tu mente resuelva un problema mientras tú te ocupas de hacer alguna otra cosa aquí, en el momento presente.

El fuego lento de tu mente funciona del mismo modo que el fuego lento de tu cocina. Cuando la llama está baja, el proceso de cocción mezcla, funde y cuece los ingredientes hasta convertirlos en una sabrosa comida. La forma de preparar esta comida es meter los diversos ingredientes dentro de la olla, mezclarlos y dejarlos tranquilos. A menudo, cuanto menos interfieras, mejor será el resultado.

De un modo muy parecido, podemos resolver numerosos problemas de la vida (serios y de otro tipo), si le entregamos al fuego lento de nuestra mente una lista de los problemas, hechos, variables y soluciones posibles. Igual que cuando hacemos una sopa o una salsa, tenemos que dejar los pensamientos e ideas que le entreguemos al fuego lento de nuestra mente, para que se cuezan adecuadamente.

Siempre que te encuentres luchando para resolver un

problema o no consigas recordar el nombre de una persona, el fuego lento estará siempre ahí para ayudarte. Pone a trabajar para nosotros la fuente de pensamiento más silenciosa, suave, y a menudo la más poderosa, en los problemas para los que no tenemos ninguna respuesta inmediata. El fuego lento no es una prescripción de que practiques la negación ni la indecisión. En otras palabras, aunque sí te interesa poner tus problemas a fuego lento, lo que no te interesa de ninguna manera es apagar el fuego. Por el contrario, necesitas abrigar el problema bondadosamente en la mente sin someterlo al análisis activo. Esta técnica sencilla te ayudará a solucionar muchos problemas y reducirá muchísimo el estrés y el esfuerzo de tu vida.

24

Dedica un momento de cada día a pensar en alguien a quien darle las gracias

Esta simple estrategia, que puede ocupar tan sólo unos segundos, es uno de los hábitos más importantes que he adquirido. Siempre procuro comenzar el día pensando en alguien a quien darle las gracias. Para mí, la gratitud y la paz interior van de la mano. Cuanto más genuinamente agradecido me siento por el don de mi vida, más en paz me siento. La gratitud, por tanto, es algo que merece la pena practicar.

Si te pareces a mí un poco, es probable que haya en tu vida muchas personas a las que estar agradecido: amigos, miembros de la familia, personas de tu pasado, maestros, gurús, personas del trabajo, alguien que te dio una oportunidad, así como incontables otras. Puede que quieras darle las gracias a un poder superior por el don de la vida misma, o por la hermosura de la naturaleza.

Cuando pienses en las personas a las que puedes estar agradecido, recuerda que puede ser cualquiera: alguien que te cedió paso en medio del tráfico, alguien que mantuvo la puerta abierta para que pasaras, o un médico que te salvó la vida. El objetivo es dirigir tu atención hacia la gratitud, preferentemente por la mañana, antes que ninguna otra cosa.

Hace mucho tiempo que descubrí lo fácil que es permitir que mi mente se deslice hacia varias formas de negatividad. Cuando lo hago, lo primero que me abandona es el sentido de la gratitud. Empiezo a dar por seguras a las personas de mi vida, y el amor que a menudo siento se ve reemplazado por el resentimiento y la frustración. Lo que este ejercicio hace es enseñarme a centrarme en lo bueno que hay en mi vida. De modo invariable, al pensar en una persona a la que estoy agradecido, la imagen de otra persona surge en mi mente, y luego la de otra y la de otra más. Muy pronto me pongo a pensar en otras cosas por las que sentir gratitud: mi salud, mis hijas, mi hogar, mi carrera, los lectores de mis libros, mi libertad, y así sucesivamente.

Puede parecer una tontería, ¡pero la verdad es que funciona! Si te despiertas por las mañanas con la gratitud en mente, resulta muy difícil, de hecho casi imposible, sentir otra cosa que paz.

25

Sonríeles a los desconocidos, míralos a los ojos y salúdalos

¿Has reparado o pensado alguna vez en el poco contacto ocular que la mayoría de nosotros establecemos con los desconocidos? ¿Por qué? ¿Acaso les tenemos miedo? ¿Qué nos impide abrirles el corazón a las personas que no conocemos?

La verdad es que no conozco la respuesta a estas preguntas, pero sí sé que prácticamente siempre existe un paralelo entre las actitudes que tenemos para con los desconocidos y nuestro grado general de felicidad. En otras palabras, es insólito encontrar a una persona que camina con la cabeza gacha, el ceño fruncido y apartando la mirada, y que sea secretamente alguien plácido y alegre.

No estoy sugiriendo que sea mejor la extroversión que la introversión, que necesites gastar toneladas de energía adicional en el intento de alegrar la vida de los demás, ni que debas fingir que eres cordial. Lo que sí sugiero, no obstante, es que si piensas que los desconocidos son como tú y los tratas no sólo con amabilidad y respeto sino que también les sonríes y les miras a los ojos, es probable que adviertas algunos cambios bastante agradables en ti mismo. Comenzarás a ver que la mayoría de la gente es como tú: la mayoría tienen familia, personas a las que quieren, problemas, preocupaciones, gustos, aversiones, miedos y todo lo demás. También advertirás lo bondadosa y agradecida que puede mostrarse la gente cuando eres tú el primero en tender la mano. Cuando te das cuenta de lo similares que somos todos, resulta más fácil ver la inocencia que motiva las acciones de los demás. En otras palabras, aunque a menudo la liemos, la mayoría estamos haciendo las cosas lo mejor que sabemos en las circunstancias que nos rodean. Junto con la capacidad de ver la inocencia en las personas, llega una profunda sensación de felicidad.

26

Dedica un rato de cada día al silencio

En el momento en que comienzo a escribir esta estrategia, son exactamente las cuatro y media de la madrugada, mi hora preferida del día. Me queda al menos una hora y media antes de que mi esposa y mis hijas se levanten de la cama y el teléfono empiece a sonar; al menos una hora antes de que nadie pueda pedirme que haga algo. En el exterior reina un silencio absoluto y me encuentro en completa soledad. Hay algo rejuvenecedor y plácido en estar solo y disponer de tiempo para reflexionar, trabajar, o simplemente disfrutar del silencio.

Hace bastante más de una década que trabajo en el campo del control del estrés. Durante ese tiempo he conocido a algunas personas extraordinarias. No consigo recordar a una sola persona, a quien considere equilibrada, que no se reserve al menos un rato cada día para poder estar a solas y en silencio. Tanto si se trata de diez minutos de meditación o yoga, como de pasar un rato en la naturaleza, o de cerrar con cerrojo la puerta del baño y sumergirse en la bañera durante diez minutos, poder estar solo con uno mismo constituye una parte fundamental de la existencia. Te ayuda a contrarrestar el ruido y la confusión que impregnan la mayor parte del día. En mi caso personal, cuando me reservo cierto tiempo para poder permanecer en silencio, consigo que el resto del día parezca más manejable. Cuando no lo hago, noto de verdad la diferencia.

Existe un pequeño ritual que pongo en práctica y que he compartido con muchos amigos. Al igual que sucede con numerosas personas, voy a mi trabajo en coche. Cuando vuelvo a casa al final de la jornada, al aproximarme al sendero de entrada, acerco el coche a la acera y lo detengo. Allí hay un lugar agradable donde puedo pasar uno o dos minutos contemplando el paisaje, o respirando con los ojos cerrados. Es algo que me relaja y me hace sentir centrado y agradecido. He compartido esta estrategia con docenas de personas que se quejaban de «no tener tiempo para el silencio». Solían entrar a toda velocidad por el sendero de su casa con la radio atronándoles los oídos. Ahora, con este sencillo cambio, entran en casa sintiéndose mucho más relajadas.

27

Imagínate a las personas de tu vida como niños muy pequeños y como adultos de cien años de edad a la vez

Aprendí esta técnica hace casi veinte años. Ha demostrado ser tremendamente eficaz para descargar los sentimientos de irritación que experimentamos hacia otras personas.

Piensa en alguien que te irrite de verdad, que te haga sentir enojo. Ahora, cierra los ojos e intenta imaginarte a esa persona como un niño muy pequeño. Mira sus diminutas facciones y sus ojos inocentes. Ten presente que los bebés no pueden evitar cometer errores y que todos hemos sido niños pequeños alguna vez. Ahora, adelanta el reloj cien años. Visualiza a esa misma persona como alguien muy anciano que está a punto de morir. Contempla sus ojos cansados y su suave sonrisa, que sugieren un poco de sabiduría y el reconocimiento de los errores cometidos. Piensa que tarde o temprano, todos llegamos a eso.

Puedes jugar con esta técnica y modificarla según te parezca. Casi siempre le aporta al que la practica un poco de la perspectiva y la compasión necesarias. Si nuestra meta es transformarnos en personas más plácidas y afectuosas, ciertamente no queremos abrigar sentimientos negativos hacia los demás.

28

Procura comprender primero

Esta técnica la he adoptado de la obra *Siete hábitos de personas muy eficaces*, de Stephen Covey. Constituye una forma sencilla de convertirse en una persona más satisfecha (y es probable que también te conviertas en alguien más eficaz).

En esencia, «procurar comprender primero» implica que te intereses más por comprender a los otros y menos por hacer que los otros te comprendan a ti. Significa asimilar la idea de que si quieres que haya una buena comunicación satisfactoria, y que sea provechosa para ti y para los otros, debes procurar sobre todo comprender a los demás. Cuando comprendes de dónde proceden las personas, qué están intentando decir, qué es importante para ellas y demás, que ellas te comprendan es algo que le sigue de forma natural; viene por sí solo. No obstante, cuando inviertes este proceso (que es lo que la mayoría de nosotros hacemos en la mayor parte de las ocasiones), estás poniendo el carro delante del caballo. Cuando intentas hacerte entender antes de entender a los demás, el esfuerzo hace que la comunicación se resienta y es posible que acabes trabado en una batalla entre dos egos.

Estaba trabajando con una pareja que había pasado los diez primeros años de su matrimonio sumida en la frustración, discutiendo por cuestiones económicas. Él no podía entender por qué ella quería ahorrar cada céntimo que ganaban, y ella no podía comprender por qué él era un manirroto. Cualquier base racional que tuviese cualquiera de las dos posiciones, se había perdido en su frustración mutua. Aunque muchos problemas son más complejos que el de esta pareja, la solución en su caso era relativamente sencilla. Ninguno de los dos se sentía comprendido. Necesitaban aprender a dejar de interrumpirse el uno al otro, y a escuchar con atención. En lugar de limitarse a defender su propia postura, necesitaban aprender a comprender al otro. Es precisamente lo que les hice llevar a cabo. Él se enteró de que ella ahorraba para evitar los desastres económicos que habían sufrido sus progenitores. En esencia, tenía miedo de encontrarse en la ruina. Ella se enteró de que él se sentía incómodo por no ser capaz de «cuidar de ella» como su padre había hecho con su madre. En esencia, quería que ella se sintiese orgullosa de él. Al aprender cada uno a comprender al otro, la frustración que sentían respecto al otro se vio reemplazada por la compasión. En la actualidad, existe en el matrimonio un bonito equilibrio entre el gasto y el ahorro.

Procurar comprender no tiene nada que ver con quién tiene razón o está equivocado; es una filosofía de comunicación eficaz. Cuando practiques este método advertirás que las personas con quienes te comuniques se sentirán escuchadas, oídas y comprendidas. Esto se traducirá en una mejor y más afectuosa relación.

29

Aprende a escuchar

Yo crecí con el convencimiento de que sabía escuchar a los demás. Y aunque ahora sé hacerlo mejor que hace diez años, debo admitir que sólo soy un oyente correcto.

Escuchar de manera efectiva implica algo más que el simple acto de evitar el hábito de interrumpir a los demás cuando hablan o acabar sus frases. Implica sentirse complacido con escuchar la totalidad del pensamiento de alguien, en lugar de aguardar impacientemente una oportunidad para responder.

En cierto modo, nuestra incapacidad para escuchar es un reflejo de la forma en que vivimos. A menudo, cuando nos comunicamos, actuamos como si se tratase de una carrera. Es casi como si nuestra meta fuese no dejar un solo espacio en blanco entre la conclusión de la frase de la persona con la que estamos hablando y el comienzo de la nuestra. Mi esposa y yo estábamos hace poco almorzando en un café, escuchando disimuladamente las conversaciones de quienes nos rodeaban. Daba la impresión de que nadie estaba escuchando de verdad a su interlocutor; más bien parecía que se turnaban para desoírse mutuamente. Le pregunté a mi esposa si yo aún hacía lo mismo. Con una sonrisa en los labios, me respondió: «Sólo de vez en cuando».

Enlentecer tu tiempo de respuesta y aprender a escuchar mejor te ayuda a convertirte en una persona más plácida. Te libera de presiones. Si lo piensas bien, te darás cuenta de que requiere una enorme cantidad de energía estar sentado al borde de la silla intentando adivinar lo que la persona que tienes delante (o al otro lado del teléfono) va a decir, de modo que puedas dispararle de inmediato una respuesta. Pero si aguardas a que la gente con quien estás hablando acabe, si te limitas sólo a escuchar con mayor atención lo que están diciendo, advertirás que desaparece la presión que experimentabas antes. De inmediato te sentirás más relajado, y lo mismo sucederá con la gente que hable contigo. ¡Sentirán que pueden tomarse tranquilamente el tiempo que necesiten para responder, porque no tendrán la sensación de competir contigo por el «tiempo de emisión»! Convertirte en alguien que sabe escuchar mejor no sólo hará de ti una persona más paciente, sino que también mejorará la calidad de tus relaciones humanas. A todo el mundo le encanta hablar con alguien que escucha de verdad lo que se le está diciendo.

30

Escoge tus batallas con sabiduría

«Escoge tus batallas con sabiduría» es una frase popular relacionada con la educación de los hijos, pero resulta igualmente importante para llevar una existencia satisfactoria. Sugiere que la vida está llena de oportunidades para escoger entre hacer una tormenta en un vaso de agua, o simplemente dejar correr las cosas al comprender que en realidad carecen de importancia. Si escoges tus batallas con sabiduría, serás mucho más eficaz a la hora de ganar aquellas que sean importantes de verdad.

No cabe duda de que habrá momentos en los que querrás o necesitarás discutir, enfrentarte, o incluso pelear por algo en lo que crees. Muchas personas, sin embargo, discuten, se enfrentan y pelean por prácticamente cualquier cosa, convirtiendo sus vidas en una sucesión de batallas por cosas que relativamente son «pequeñeces». Llevar este tipo de vida comporta una cantidad de frustración tan grande, que pierdes la pista de lo que es relevante de verdad.

El más leve desacuerdo o contratiempo en tus planes puede convertirse en un gran problema si tu meta (consciente o inconsciente) es lograr que todo se resuelva a tu favor. Según mi experiencia, esto no es más que una receta para la infelicidad y la frustración.

La verdad es que la vida raras veces resulta ser exactamente como a nosotros nos gustaría, y las demás personas a menudo no actúan como nosotros querríamos. En todo momento, hay aspectos de la vida que nos gustan, y otros que no nos gustan. Siempre habrá gente que esté en desacuerdo con nosotros, personas que hagan las cosas de forma diferente y cosas que no salgan bien. Si luchas contra este principio de la vida, pasarás la mayor parte de tu existencia librando batallas.

Una manera más plácida de vivir consiste en decidir de modo consciente qué batallas merece la pena librar, y en cuáles es mejor no entrar. Si tu meta principal no es lograr que todo se resuelva a la perfección sino llevar una vida relativamente libre de estrés, descubrirás que la mayoría de las batallas alteran tu equilibrio. ¿Es de verdad importante demostrarle a tu cónyuge que tú tienes razón y ella o él están equivocados, o que te enfrentes con alguien porque parece que esa persona ha cometido una equivocación menor? ¿Importa tu preferencia por un restaurante o una película lo suficiente como para discutir por ello? ¿Un pequeño arañazo en tu coche justifica realmente una demanda ante los tribunales? ¿El hecho de que tu vecino no quiera aparcar el coche en un lugar diferente de la calle tiene que ser discutido en la mesa de la cena familiar? Por éstas y miles de otras cuestiones menores, muchas personas se pasan la vida luchando. Échale una mirada a tu propia lista. Si se parece a la que solía tener yo, tal vez necesites hacer una reevaluación.

Si no quieres «sufrir por pequeñeces», es de una importancia crítica que escojas tus batallas con sabiduría. Si lo haces, llegará el día en que raras veces sentirás la necesidad de librar batalla alguna.

31

Toma conciencia de tus estados anímicos y no te dejes llevar por los momentos malos

Tus propios estados anímicos pueden ser tremendamente engañosos. Pueden hacerte creer que la vida es mucho peor de lo que resulta en realidad. Cuando estás de buen humor, la vida parece fantástica. Tienes sentido de la perspectiva, sentido común y sensatez. Cuando el estado anímico es positivo, las cosas no parecen tan difíciles, los problemas parecen menos formidables y más fáciles de solventar. Cuando estás de buen humor, las relaciones humanas parecen fluidas y la comunicación resulta fácil. Si se te hace una crítica, te la tomas bien.

Por el contrario, cuando tu estado anímico es negativo, la vida parece insoportablemente seria y difícil. Tienes muy poco sentido de la perspectiva. Te tomas las cosas de manera personal y a menudo malinterpretas a quienes te rodean, al conferirles motivaciones malignas a sus actos.

Ahí está la trampa: la gente no se da cuenta de que sus estados anímicos cambian constantemente. En vez de eso, creen que su vida ha empeorado de repente durante los últimos días, o incluso durante las últimas horas. Así pues, alguien cuyo estado anímico es bueno por la mañana puede que ame a su esposa, y le encanten su trabajo y su coche.

Probablemente se sienta optimista respecto a su futuro y experimente gratitud por su pasado. Pero a última hora de la tarde, si su estado de ánimo es malo, afirma detestar su trabajo, piensa en su esposa como en una molestia, cree que su coche es una chatarra y está convencido de no ir a ninguna parte en su carrera profesional. Si le preguntas por su infancia mientras se encuentra en un estado anímico bajo, es probable que te diga que fue una época difícil en extremo. Es muy posible que culpe a sus progenitores por su actual situación.

Unos contrastes tan bruscos y drásticos podrían parecer absurdos, incluso graciosos... pero todos somos así. Cuando nuestro estado de ánimo es bajo, perdemos el sentido de la perspectiva y todo nos parece un problema. Olvidamos por completo que cuando estamos de buen humor todo tiene mejor aspecto. ¡Experimentamos las mismas circunstancias —con quién estamos casados, dónde trabajamos, el coche que conducimos, nuestro potencial, nuestra infancia— de un modo por completo diferente, dependiendo de nuestro estado anímico! Cuando estamos deprimidos, en lugar de culpar a nuestro ánimo como sería apropiado, tendemos a sentir que nuestra vida va mal. Es casi como si creyéramos que nuestra existencia se ha desmoronado en las últimas una o dos horas.

La verdad es que la vida casi nunca resulta tan mala como parece cuando estamos bajos de moral. En lugar de quedarte atascado en el malhumor, convencido de que estás viendo la vida de manera realista, puedes aprender a cuestionar tu capacidad de juicio. Recuérdate lo siguiente: «Por supuesto que me siento a la defensiva [o enojado, frustrado, estresado, deprimido; mi estado de ánimo es malo. Siempre tengo sensaciones negativas cuando estoy deprimido». Cuando sientas que tu ánimo no es bueno, aprende a verlo simplemente como lo que es: una condición humana inevitable que pasará. Hacer balance de la propia vida cuando uno está bajo de moral no es muy recomendable. Hacerlo constituye un suicidio emocional. Si tienes un problema auténtico, continuará estando allí cuando mejore tu estado mental. El truco reside en sentir agradecimiento por los momentos anímicos buenos y también por los malos… sin tomárselos demasiado en serio. La próxima vez que te sientas deprimido, por la razón que sea, recuérdate: «También éste pasará». Así será.

32

La vida es una prueba. Sólo es una prueba

Uno de mis pósters preferidos, dice: «La vida es una prueba. Sólo es una prueba. Si fuera real, te habrían enseñado adónde tienes que ir y qué tienes que hacer». Siempre que pienso en esta humorística y sabia frase, recuerdo que no tengo que tomarme la vida demasiado en serio.

Cuando consideras la vida y sus muchos retos como una prueba, o una serie de pruebas, empiezas a ver cada problema como una oportunidad para crecer, una ocasión para aprender a caer rodando. Tanto si te sientes agobiado por problemas, responsabilidades, o incluso por obstáculos insuperables, considerarlos como una prueba siempre te dará la posibilidad de vencerlos, en el sentido de que te resultará más fácil elevarte por encima de ellos. Si, por el contrario, te tomas cada problema con el que te encuentras como una cuestión de vida o muerte, te expones a un viaje muy accidentado. Únicamente podrás sentirte feliz si todo te sale bien. Y todos sabemos con qué poca frecuencia sucede eso.

A modo de experimento, mira si puedes aplicar esta idea a algo que tengas que solucionar. Tal vez tengas un adolescente difícil o un jefe exigente. Mira si puedes redefinir la cuestión de modo que en lugar de ser un «problema» sea una prueba. En lugar de luchar, fíjate en si hay algo que puedas aprender de él. Pregúntate: «¿Por qué está este problema en mi vida? ¿Qué significará y qué necesitaría para elevarme por encima de él? ¿Existe alguna posibilidad de que pueda enfocar el asunto de modo diferente? ¿Puedo verlo como algún tipo de prueba?».

Si pones en práctica esta estrategia, seguramente te sorprenderás por el cambio que se opera en tus reacciones. Por ejemplo, a mí me agobiaba muchísimo sentir que no tenía tiempo suficiente. Iba de un lado a otro intentando acabarlo todo. Culpaba a mi apretada agenda, a mi familia, a las circunstancias, y a cualquier otra cosa que se me ocurriera para explicar la situación. Y un día lo comprendí. Si lo que quería era ser feliz, mi meta no tenía por qué ser necesariamente organizar mi vida de manera perfecta con el fin de disponer de más tiempo, sino más bien ver si podía llegar al punto de sentir que no pasaba nada si no podía acabar todo lo que creía que tenía que hacer. En otras palabras, mi verdadero reto era aprender a ver mi lucha como una prueba. Considerarla de esta manera me ayudó, en definitiva, a vencer una de mis más grandes frustraciones. Todavía me obstino en luchar de vez en cuando por mi falta de tiempo subjetivo, pero menos que antes. He aprendido a tomarme las cosas como son.

33

Los elogios y las acusaciones son lo mismo

Una de las lecciones más difíciles que nos enseña la vida es la de tener que hacer frente a la desaprobación de los demás. Pensar que los elogios y las acusaciones son todo lo mismo, constituye una manera inteligente de recordarte la vieja frase hecha de que nunca serás capaz de contentar a todo el mundo al mismo tiempo. Incluso en una victoria electoral arrolladora en la que un candidato recibe el cincuenta y cinco por ciento de los votos, existe un cuarenta y cinco por ciento de la población que desea que sea otro quien gane. Es algo bastante humillante, ¿verdad?

No es probable que el porcentaje de aprobación que recibimos nosotros entre la familia, los amigos y la gente con quien trabajamos, sea mucho mayor. La verdad es que cada uno tiene sus propias ideas sobre la vida, y no siempre coinciden con las de otras personas. Sin embargo, la mayoría nos empeñamos en luchar contra esta realidad. Nos sentimos enojados, heridos o frustrados cuando la gente rechaza nuestras ideas, nos dice que no, o manifiesta alguna otra forma de desaprobación.

Cuanto antes aceptemos el inevitable hecho de que no podemos contar con la aprobación de todas las personas a las que conocemos, más fácil será nuestra vida. Cuando uno es consciente de que en su camino también va a encontrar cierto grado de desaprobación y lo acepta, desarrolla un sentido de la perspectiva que resulta de gran ayuda. En lugar de sentirte rechazado por la desaprobación, puedes recordarte a ti mismo: «Ya vuelve a aparecer. Está bien». Y puedes aprender a sentirte agradablemente sorprendido, incluso agradecido, al recibir la aprobación que deseas.

Yo me encuentro con que hay muchos días en los que soy objeto tanto de elogios como de acusaciones. Me contratan para dar una conferencia, pero no me aceptan para otra; una llamada telefónica me transmite buenas noticias, y otra anuncia un nuevo problema que hay que solucionar. Una de mis hijas se siente feliz con mi comportamiento, y la otra no. Alguien me dice lo maravilloso que soy, y otra persona piensa que soy mezquino porque no le devuelvo una llamada telefónica. Esta combinación de avances y retrocesos, cosas buenas y malas, de aprobación y desaprobación, forma parte de la vida de todo el mundo. Soy el primero en admitir que prefiero la aprobación a la desaprobación. Hace que uno se sienta mejor, y desde luego resulta más cómoda. No obstante, cuanto más contento me siento, menos dependo de ella para experimentar bienestar.

34

Practica actos de amabilidad espontáneos

He aquí una pegatina para coches que hace algún tiempo que está en circulación. Se la ve en los coches de toda la nación (de hecho, llevo una pegada en mi propio coche). Dice así: «Practica actos de amabilidad al azar y actos de belleza porque sí». Ignoro a quién se le ocurrió la idea, pero es el mensaje más importante que he visto nunca en un coche. La práctica de la amabilidad es una manera eficaz de experimentar la alegría de dar sin esperar nada a cambio. Lo mejor es practicarla sin hacerle saber a nadie lo que estás haciendo.

En el área de la bahía de San Francisco hay cinco puentes de peaje. Hace algún tiempo, algunas personas comenzaron a pagar el peaje del coche que tenían inmediatamente detrás. Los conductores se detenían ante la ventanilla del peaje y sacaban el billete de un dólar, para ser informados de que «su peaje lo ha pagado el coche de delante». Éste constituye un ejemplo de bondad espontánea, aleatoria, algo que se entrega sin expectativas ni exigencias de ninguna clase. ¡Puedes imaginarte el impacto que ese diminuto regalo tenía en el conductor de detrás! Tal vez lo impulsaba a ser una persona más agradable durante ese día. A menudo, un solo acto de amabilidad pone en movimiento una serie de actos del mismo tipo.

No existe ninguna prescripción para practicar actos de amabilidad al azar. Es algo que nace del corazón. Tu regalo podría ser recoger la basura de un vecino, hacer una contribución anónima a una obra de caridad, enviar dinero en un sobre sin remitente para que alguien que tiene problemas económicos respire un poco más tranquilo, salvar a un animal llevándolo a una asociación de protección de animales, u ocupar un puesto de trabajo voluntario en una iglesia o refugio para alimentar a las personas que pasan necesidad. Puede que quieras hacer todas estas cosas, y más. La cuestión es que el acto de dar resulta divertido y no tiene por qué ser costoso.

Quizá la razón más importante para practicar la amabilidad al azar es que trae un contento enorme a tu vida. Cada acto de amabilidad te gratifica con sensaciones positivas y te recuerda los aspectos importantes de la vida: la ayuda, la amabilidad y el afecto. Si todos cumplimos con nuestra parte, dentro de muy poco estaremos viviendo en un mundo más agradable.

35

Mira más allá de lo que se ve a simple vista

¿Alguna vez has dicho u oído decir: «No hagas caso, Fulano no sabía lo que hacía»? De ser así, conoces sin duda lo sabio de mirar más allá de lo que se ve a simple vista. Si tienes hijos, conoces muy bien la importancia de este sencillo acto de perdón. Si todos basáramos nuestro afecto en el comportamiento de nuestros hijos, a menudo nos resultaría difícil quererlos en lo más mínimo. Si el cariño se basara exclusivamente en el comportamiento, ¡tal vez no nos habrían querido a ninguno de nosotros cuando éramos adolescentes!

¿No sería hermoso que pudiéramos extender esta actitud bondadosa a todas las personas con las que nos encontramos? ¿Acaso no viviríamos en un mundo mejor si, cuando alguien actuara de un modo que nosotros no aprobamos, pudiéramos ver sus acciones bajo una luz similar al comportamiento insólito de nuestros adolescentes?

Esto no significa que vayamos por ahí escondiendo la cabeza bajo el ala, ni que pretendamos que todo es siempre maravilloso, ni que permitamos que otros «nos pisoteen», ni que excusemos o aprobemos el comportamiento negativo. Más bien significa, simplemente, que es bueno tener el sentido de la perspectiva suficiente como para concederles a los demás el beneficio de la duda. Has de saber que cuando un empleado de correos se mueve con lentitud, es probable que tenga un mal día, o tal vez todos sus días son malos. Cuando tu cónyuge o amigo te hablen mal, intenta comprender que, debajo de ese comportamiento aislado, el ser querido que tienes delante desea de verdad quererte, y sentirse querido por ti. Mirar más allá de lo que se ve resulta más fácil de lo que imaginas. Inténtalo hoy mismo; observarás y experimentarás buenos resultados.

36

Aprende a ver la inocencia en la actitud de los demás

Para mucha gente, uno de los aspectos más frustrantes de la vida es no ser capaz de entender el comportamiento de otras personas. Las vemos como «culpables» en lugar de «inocentes». Resulta tentador centrarse únicamente en el comportamiento aparentemente irracional de las personas —sus comentarios, acciones, actos mezquinos, comportamiento egoísta—, y sentirse tremendamente frustrado. Si hacemos eso, es probable que sintamos que los demás nos hacen desdichados.

Pero como le oí sugerir sarcásticamente a Wayne Dyer en una conferencia: «Recojan a todas las personas que les hacen a ustedes desdichados, y tráiganmelas a mí. ¡Yo las trataré [como terapeuta] y ustedes mejorarán!». Obviamente, esto resulta absurdo. Es verdad que otras personas hacen cosas raras (¿y quién no?), pero somos nosotros los que se alteran, así que somos nosotros quienes necesitamos cambiar. No estoy hablando de aceptar o abogar por la violencia o cualquier otro tipo de comportamiento aberrante, ni de ignorarlas. Sólo hablo de aprender la manera de alterarnos menos a causa de la conducta de otras personas.

Comprener que no nos dicen las cosas con mala intención

constituye una herramienta poderosa de transformación; significa que cuando alguien actúa de una manera que no nos gusta, la mejor estrategia para manejar la situación es distanciarnos de lo que vemos a simple vista, de modo que podamos ver la causa de ese comportamiento que nos desagrada y comprobar que la otra persona no actúa con mala fe. Con frecuencia, este leve cambio en nuestra manera de pensar nos hace ser más compasivos.

En ocasiones, las personas con las que trabajo me presionan para que me dé prisa, y es frecuente que utilicen expresiones ofensivas, incluso insultantes. Si me concentro en las palabras que emplean, el tono de sus voces y la urgencia contenida en el mensaje, puedo mostrarme irritado, incluso furioso al responder. Los veo como «culpables». Sin embargo, si recuerdo la urgencia que siento yo cuando tengo prisa por hacer algo, consigo ver lo inocente del comportamiento de esas personas. Incluso debajo del comportamiento más fastidioso del mundo, hay una persona frustrada que pide compasión a gritos.

A partir de ahora, cada vez que alguien actúe de una manera extraña, busca el verdadero motivo de su comportamiento. Si eres compasivo, no te resultará difícil verlo. Cuando aprendas a ver las cosas desde esa perspectiva, dejan de afectarte muchas cosas que antes te hacían sentir frustrado. Y, cuando no te sientes frustrado por las acciones de los demás, resulta mucho más fácil ver la belleza de la vida.

37

Siempre es preferible ser amable
que tener razón

Como he comentado antes en la estrategia número 12, se nos ofrecen muchas oportunidades para escoger entre ser amables y tener razón. Tenemos a menudo la posibilidad de señalarles a otras personas sus errores, cosas que podrían o deberían haber hecho de modo diferente, maneras de mejorar, tanto en privado como delante de otras personas. Pero a lo que realmente se reduce todo esto es a la posibilidad de hacer sentir mal a otra persona y seguramente de sentirte mal tú también.

Sin ponernos demasiado psicoanalíticos, podemos decir que la razón por la que sentimos la tentación de rebajar a otros, corregirlos o demostrarles que nosotros tenemos razón y ellos están equivocados, es que nuestro ego cree, erróneamente, que si señalamos que otros están equivocados, nosotros debemos tener razón, y que por lo tanto nos sentiremos mejor.

No obstante, si te fijas, te darás cuenta de que te sientes peor después de haber rebajado a una persona que antes. Tu corazón, la parte compasiva de ti, sabe que resulta imposible sentirse mejor a expensas de los demás.

Por fortuna, lo contrario también es verdad: cuando tu

meta es elevar a las personas, hacerlas sentir mejor, compartir su alegría, también tú cosechas los frutos de sus sentimientos positivos. La próxima vez que tengas la oportunidad de corregir a alguien, incluso si en cierta manera se equivocan, resiste la tentación. En vez de eso, pregúntate: «¿Qué quiero obtener realmente de esta relación?». Lo más probable es que quieras un intercambio agradable, y que todas las partes se marchen con la sensación de que ha valido la pena. Cada vez que te resistas a «tener razón» y escojas en cambio ser amable, advertirás una sensación de placidez dentro de ti.

Hace poco, mi esposa y yo estábamos hablando de un negocio que había salido realmente bien. Yo estaba hablando de «mi» idea, ¡atribuyéndome de manera evidente el mérito de nuestro éxito! Kris, con su habitual generosidad, dejó que me llevara la gloria. Más tarde, ese mismo día, recordé que la idea en realidad había sido de ella, no mía. ¡Ostras! Cuando la llamé para disculparme, comprendí que para ella era más importante mi alegría que su necesidad de recibir el mérito. Me dijo que disfrutaba viéndome feliz, y que no importaba de quién había sido la idea. (¿Te das cuenta de por qué es tan fácil amarla?)

No confundas esta técnica con ser débil de carácter o con no defender aquello en lo que crees. No estoy sugiriendo que no sea correcto que tengas razón... sino que si insistes en tener razón, tendrás que pagar un precio: tu paz interior. Si quieres ser una persona ecuánime, tendrás que aprender a poner la amabilidad por encima de tu deseo de tener razón. Y puedes empezar, hoy mismo, con la próxima persona con quien hables.

38

Diles a tres personas (hoy) lo mucho que las quieres

El escritor Stephen Levine plantea la siguiente pregunta: «Si te quedara una hora de vida y sólo pudieras hacer una llamada: ¿a quién llamarías, qué le dirías, y... a qué estás esperando?». ¡Qué mensaje tan potente!

¿Quién sabe a qué estamos esperando? Quizá queremos creer que viviremos eternamente, o que «algún día» nos decidiremos a decirles a nuestros seres queridos cuánto les queremos. Por la razón que sea, la mayoría de nosotros sencillamente esperamos demasiado.

Por un capricho del destino, estoy escribiendo esta estrategia el día del aniversario de mi abuela. Dentro de algunas horas, mi padre y yo iremos a visitar su tumba. Murió hace unos dos años. Antes de que expirara, todos comprendimos lo importante que era para ella hacernos saber a los miembros de la familia lo mucho que nos quería. Constituyó un buen recordatorio de que no existe ninguna razón válida para esperar. Ahora es el momento de hacerle saber a la gente lo mucho que la quieres.

Lo ideal es que lo digas en persona o por teléfono. Me pregunto cuántas personas habrán recibido una llamada de alguien que simplemente quisiera decirles: «¡Sólo te llamaba para decirte lo mucho que te quiero!». Te sorprendería saber que es una de las cosas que más significa para cualquier ser humano. ¿Cómo te sentirías tú si recibieras ese mensaje?

Si eres demasiado tímido para hacer una llamada semejante, escribe una carta afectuosa. Sea como sea, a medida que te habitúes descubrirás que hacerle saber a la gente lo mucho que la quieres se transforma en una parte normal de tu vida. Y, si lo haces, es probable que comiences a recibir más afecto como resultado.

39

Practica la humildad

La humildad y la paz interior van de la mano. Cuanto menos impulsado te sientas a demostrar lo que vales ante los demás, más fácil te resultará tener paz interior.

Demostrar lo que vales constituye una trampa peligrosa. Se necesita una enorme cantidad de energía para señalar de modo constante tus logros, fanfarronear, o intentar convencer a los demás de tu valor como ser humano. El hecho de alardear diluye las sensaciones positivas que uno experimenta a causa de un logro o de algo de lo que se siente orgulloso. Y para empeorar las cosas, cuanto más te empeñes en demostrar tu valía, más te evitarán los demás y más hablarán a tus espaldas de la inseguridad que motiva tu necesidad de alardear, y es probable que incluso se sientan resentidos contigo.

Irónicamente, sin embargo, cuanto menos buscas la aprobación de los demás, más aprobación pareces recibir. La gente se siente atraída por las personas que demuestran tener seguridad, que no necesitan fabricarse una buena imagen, tener «razón» todo el tiempo, ni acaparar la gloria. La mayor parte de la gente siente afecto por las personas que no necesitan alardear, que hablan desde el corazón y no desde el ego.

La única manera de desarrollar una humildad auténtica es

practicar. Y resulta agradable, porque de modo instantáneo recibirás una recompensa en forma de serenidad y quietud. La próxima vez que tengas oportunidad de alardear, resiste la tentación. Le propuse esta estrategia a un cliente, y él me contó la historia siguiente: se encontraba con un grupo de amigos pocos días después de haber recibido un ascenso laboral. Los amigos no lo sabían aún, pero mi cliente había sido escogido para el ascenso en lugar de otro amigo común. Su actitud era un poco competitiva respecto a este último, y sintió la fuerte tentación de deslizar en la charla el hecho de que a él lo habían escogido, y al otro amigo no. Estaba a punto de decir algo, cuando una vocecilla interior intervino: «No. ¡No lo hagas!». De todas formas habló del ascenso, pero no llegó al punto de fanfarronear. En ningún momento mencionó el hecho de que no habían ascendido al otro amigo. Me contó que no recordaba haberse sentido nunca tan sereno ni orgulloso de sí mismo. Fue capaz de disfrutar de su éxito sin alardes. Más tarde, cuando sus amigos se enteraron de lo sucedido, le comentaron que estaban muy impresionados por su buen juicio y humildad. Gracias a su humildad, obtuvo reacciones más positivas y atención... no menos.

40

Cuando haya dudas acerca de a quién le toca sacar la basura, sácala tú, sin más comentarios

Resulta fácil sentirse resentido por las responsabilidades que tenemos en nuestra vida cotidiana. Una vez, cuando mi estado anímico era muy bajo, calculé que en un día normal hago alrededor de mil cosas diferentes. Por supuesto, cuando estoy de mejor ánimo, el número disminuye de manera significativa.

Cuando pienso en ello, me resulta asombrosa la facilidad que tengo para recordar todas las tareas que realizo, así como todas las otras responsabilidades de las que me hago cargo. Y, al mismo tiempo, la facilidad que tengo para olvidar todo lo que mi esposa hace a diario. ¡Qué conveniente!

Es realmente difícil ser una persona satisfecha si llevas la cuenta de todo lo que haces. Si das importancia a este tipo de cosas sólo conseguirás llenarte la cabeza de tonterías como qué hace cada uno, quién hace más, y así sucesivamente. Si quieres que te diga la verdad, eso es exactamente lo que yo llamo «pequeñeces». Habrá mucha más alegría en tu vida si sabes que has cumplido con tu parte y que alguien de tu familia tiene una cosa menos que hacer, que si te preocupas y te irritas por cuestiones como a quién le toca sacar la basura.

El argumento más sólido en contra de esta estrategia es la preocupación de que se aprovechen de ti. Constituye un error similar a la creencia de que es importante que tengas razón. En la mayoría de las ocasiones carece de importancia que tengas o no razón, del mismo modo que carece de importancia si sacas la basura unas cuantas veces más que tu esposa o tu compañero de piso. Hacer que cosas como la bolsa de basura tengan menos relevancia en tu vida indudablemente te dejará más tiempo y energía libres para las cosas importantes de verdad.

41

No quieras hacer que todo sea perfecto

Nuestra tendencia a querer que todo sea pefecto es una de las más neuróticas e ingratas del ser humano.

Del mismo modo que podemos preparar nuestra casa de cara al invierno por el sistema de buscar grietas, goteras e imperfecciones, podemos hacer exactamente lo mismo con nuestras relaciones, incluso con nuestras vidas. En esencia, querer que las cosas sean perfectas significa que estás alerta respecto a lo que necesita arreglos o reparaciones. Es encontrar las resquebrajaduras y defectos de la vida, e intentar repararlos o, al menos, señalárselos a otras personas. Esta tendencia no sólo te aleja de los demás, sino que también hace que te sientas mal. Te mueve a buscar siempre lo que está mal en todo y todos..., a fijarte en lo que no te gusta. Así pues, en lugar de lograr que apreciemos las relaciones y la vida que tenemos, el intento de lograr que las cosas sean «perfectas» hace que acabemos pensando que la vida no es tan buena como tendría que ser. Que nada es lo bastante bueno tal y como está.

En nuestras relaciones, el intento de que las cosas sean perfectas suele funcionar más o menos así: conoces a alguien y todo está bien. Te sientes atraído o atraída por su aspecto, personalidad, intelecto, sentido del humor o alguna combinación de estas características. Al principio, no sólo apruebas las diferencias que existen entre esta persona y tú, sino que de hecho las agradeces. Es posible incluso que te sientas atraído por esa persona, en parte debido a lo diferentes que sois el uno del otro. Tenéis opiniones, preferencias, gustos y prioridades diferentes.

Sin embargo, pasado algún tiempo, empiezas a advertir pequeñas peculiaridades en tu nueva pareja (o amigo, profesor, quien sea) que piensas que pueden mejorarse. Llamas su atención sobre el tema. Puede que digas: «¿Sabes?, no cabe duda de que tienes tendencia a llegar tarde». O: «Me he fijado en que no lees mucho». El caso es que has comenzado a hacer lo que inevitablemente se convertirá en una forma de vida: buscar lo que no te gusta (y pensar en ello) en alguien o en algo que no es del todo perfecto.

Obviamente, un comentario ocasional, una crítica constructiva o un consejo útil no es causa de alarma. No obstante, debo decir que entre los centenares de parejas que he tratado como profesional durante todos estos años, he encontrado muy poca gente que no sintiera alguna vez que su compañero o compañera pretendía que fuera «perfecto». Los inofensivos comentarios ocasionales tienen la insidiosa tendencia a convertirse en una manera de enfocar la vida.

El hecho de intentar que otro ser humano sea «perfecto», es algo que no dice nada acerca de él… pero sí delata tu tendencia a criticar.

Si tienes la tendencia a intentar que tus relaciones o ciertos aspectos de tu vida sean perfectos, tienes que convencerte de que es algo que no te hace ningún bien. Cuando te descubras volviendo a caer en tu vieja costumbre, detente y sella tus labios. Cuanto menor sea la frecuencia con que busques imperfecciones en tu pareja o amigos, más fácil te resultará darte cuenta de lo fantástica que es tu vida en realidad.

42

Dedica un momento, cada día, a pensar en alguien a quien quieres

En un capítulo anterior de este libro, te propuse la idea de pasar un momento, cada día, pensando en alguien a quien darle las gracias. Otra excelente fuente de gratitud y paz interior es dedicar un momento, cada día, a pensar en alguien a quien quieres. En inglés existe un refrán que dice: «¡Una manzana al día mantiene al médico alejado de tu vida!». El equivalente del cariño podría ser: «¡Pensar en alguien a quien quieres cada día, mantiene el resentimiento alejado de tu vida!».

Empecé a considerar seriamente la idea de dedicar unos minutos a pensar en la gente a la que quería, cuando me di cuenta de lo a menudo que me veía atrapado en pensamientos relacionados con lo contrario: la gente que me irrita. Mi mente se concentraba en el comportamiento negativo y extraño de otras personas, y al cabo de unos segundos estaba colmado de negatividad. Sin embargo, una vez que tomé la decisión consciente de pasar un momento, cada mañana, pensando en alguien a quien quería, mi atención se vio recanalizada hacia las cosas positivas, y no sólo en lo concerniente a la persona en la que pensaba, sino en general, durante todo el día. No sugiero con esto que ya no me irrite nunca, pero no cabe duda de que me sucede con mucha menos frecuencia que antes. Le atribuyo a este ejercicio una gran parte de la mejoría que he experimentado.

Cada mañana, al despertar, cierro los ojos y respiro profundamente unas cuantas veces. Luego me formulo la pregunta siguiente: «¿A quién le enviaré amor hoy?». Al instante, la imagen de alguien aparece en mi mente: un miembro de mi familia, un amigo, alguien con quien trabajo, un vecino, alguien de mi pasado, incluso un desconocido que pueda haber visto en la calle. Para mí, la verdad es que no tiene importancia de quién se trate, porque el objetivo es orientar mi mente hacia el cariño. Una vez que tengo claro a quién quiero dirigir mi afecto, simplemente le deseo un día lleno de cariño y amor. A veces digo para mí mismo algo como: «Espero que tengas un día maravilloso lleno de afectuosa bondad». Cuando acabo, lo cual sucede al cabo de unos segundos, por lo general siento que mi corazón está preparado para el día que tengo por delante. De una manera mística que no soy capaz de explicar, esos pocos segundos permanecen conmigo durante muchas horas. Si pones a prueba este pequeño ejercicio, creo que descubrirás que tus jornadas se vuelven un poco más plácidas.

43

Hazte antropólogo

La antropología es la ciencia que trata del ser humano y de sus orígenes. En esta estrategia, sin embargo, redefiniré oportunamente la antropología como «sentirse interesado, sin emitir ningún tipo de juicio, en la forma que otras personas han escogido vivir y comportarse». Esta estrategia está orientada a desarrollar tu comprensión, y es una manera de volverte más paciente. No obstante, además de eso, interesarse por cómo actúan otras personas es una forma de sustituir la actitud criticona por una afectuosa bondad. Cuando sientes curiosidad auténtica por el modo de reaccionar de alguien, o por su forma de pensar acerca de algo, es improbable que también te sientas irritado. En este sentido, hacerse antropólogo es un medio de sentirse menos frustrado por las acciones de los demás.

Cuando alguien actúe de una forma que te parezca extraña, en lugar de reaccionar como sueles hacerlo, por ejemplo, pensando o diciendo «No puedo creer que haga eso», hazte un comentario del tipo de: «Ya veo, debe de ser la manera en que ve el mundo. Muy interesante». Para que esta estrategia funcione, tienes que ser sincero. Es muy fina la línea que separa el interés de la arrogancia, de pensar secretamente que tu manera de hacer las cosas es mejor que la del otro.

Hace poco me encontraba en un centro comercial de mi barrio, con mi hija de seis años. Un grupo de *punk rockers* pasaron con sus pelos de punta y sus tatuajes que les cubrían la mayor parte del cuerpo. De inmediato, mi hija me preguntó: «Papá, ¿por qué van vestidos así? ¿Están disfrazados?». Hace años, me habría sentido muy crítico y frustrado ante estos jóvenes, como si hubiese algo erróneo en su estilo de vida, y el mío, más conservador, fuese correcto. Le habría soltado a mi hija alguna perorata, haciéndola así heredera de mis puntos de vista enjuiciadores. Imaginar que soy un antropólogo, sin embargo, ha cambiado muchísimo mi personalidad; me ha suavizado. La respuesta que le di a mi hija, fue: «La verdad es que no lo sé muy bien, pero resulta interesante lo diferentes que somos todos, ¿no te parece?». Y ella respondió: «Sí, pero a mí me gusta el pelo como lo llevo yo». En lugar de dedicar una atención malsana al comportamiento de aquellos jóvenes y continuar gastando energías en el tema, ambos lo dejamos correr y proseguimos disfrutando de la mutua compañía.

Que te intereses por otros puntos de vista, no implica, ni por asomo, que abogues por ellos. Yo, desde luego, no adoptaría el estilo de vida de un *punk rocker* ni le sugeriría a nadie que lo hiciera. Pero, por otro lado, eso no es algo que me corresponda juzgar a mí. Una de las reglas cardinales de la vida jubilosa es que juzgar a los demás requiere una enorme cantidad de energía y, sin excepción, te aleja de aquello que deseas.

44

Aprende a aceptar que existen realidades distintas

Mientras aún estamos dentro del tema de interesarse por la manera que tienen otras personas de hacer las cosas, dediquemos un momento a hablar de las realidades que son distintas de la nuestra.

Si has viajado por otros países o visto imágenes de ellos en películas, sabes que existen vastas diferencias entre las diversas culturas. El principio de las realidades distintas dice que las diferencias entre cada persona son en todo igual de vastas. Del mismo modo que no esperaríamos que las personas de diferentes culturas vieran o hicieran las cosas como nosotros (de hecho nos sentiríamos decepcionados si fuese así), este principio nos enseña la necesidad de aprender a esperar otro tanto de quienes nos rodean. No es cuestión de tolerar meramente las diferencias, sino de comprenderlas de verdad y hacer honor al hecho de que literalmente no puede ser de otro modo.

Yo he visto cómo la comprensión de este principio cambia la vida de las personas. Puede eliminar prácticamente del todo los altercados. Cuando esperamos ver las cosas de manera diferente, cuando damos por supuesto que los otros considerarán las cosas de modo distinto y reaccionarán de manera diferente ante un mismo estímulo, la compasión que albergamos por nosotros mismos y por los demás aumenta espectacularmente. En el momento en que esperamos lo contrario, aparece el potencial para los conflictos.

Te sugiero que consideres en profundidad, y respetes, el hecho de que todos somos diferentes. Cuando lo hagas, el afecto que sientes por los demás, así como el aprecio por tu carácter único, aumentarán.

45

Desarrolla tus propios rituales de ayuda

Si quieres que tu vida sea un reflejo de la paz y la bondad, te será de utilidad hacer cosas bondadosas, pacíficas. Una de mis formas preferidas de hacerlo es desarrollar mis propios rituales de ayuda. Estos pequeños actos de bondad constituyen una oportunidad de servir a otros y nos recuerda lo bien que nos sentimos cuando somos bondadosos y útiles.

Nosotros vivimos en una zona rural del área de la bahía de San Francisco. La mayor parte de lo que vemos es belleza y naturaleza. Una de las excepciones es la basura que algunas personas arrojan por las ventanillas de los coches que pasan por las carreteras rurales. Entre las pocas desventajas que tiene vivir en la zona rural, está el hecho de que los servicios públicos, como la recogida de basuras, son menos frecuentes que en las áreas más próximas a la ciudad.

Un ritual de ayuda que practico con mis dos hijas, es recoger la basura de los alrededores de nuestra casa. Nos hemos habituado tanto a hacer esto que mis hijas me dicen a menudo, con voces animadas: «¡Ahí hay basura, papá, para el coche!». Y si tenemos tiempo, nos detenemos a un lado de la carretera y la recogemos. Parece extraño, pero la verdad es que disfrutamos con ello. En una ocasión vi incluso a un completo desconocido recogiendo basura cerca de donde vivimos. Me sonrió y me dijo: «Los he visto haciendo esto, y me pareció una buena idea».

Recoger basura no es más que uno de los innumerables rituales de ayuda posibles. Tal vez podrías aguantar la puerta para que pase alguien, visitar a un anciano o anciana que se encuentran solos en una residencia para la tercera edad, o quitar la nieve del camino de entrada de la casa de otra persona. Piensa en algo que te parezca que no requiere esfuerzo y sin embargo sea útil. Resulta divertido y gratificante, y da buen ejemplo. Todos salen ganando.

46

Cada día, dile al menos a una persona algo que te gusta, admiras o aprecias de ella

¿Con qué frecuencia te acuerdas o te tomas el tiempo necesario para decirles a otras personas lo mucho que te gustan, las admiras o las aprecias? Para mucha gente, seguro que no lo haces lo bastante a menudo. De hecho, cuando pregunto a las personas con cuánta frecuencia reciben afectuosos elogios por parte de otros, oigo respuestas como: «No recuerdo la última vez que me hicieron un elogio», «Casi nunca», y, cosa triste, «Nunca los recibo».

Existen varias razones por las que no expresamos verbalmente ante otras personas los sentimientos positivos que nos inspiran. He oído excusas como: «No necesitan oírmelo decir... ya lo saben», y «Sí que la admiro, pero me siento demasiado cohibido como para decir nada». Pero cuando le preguntas al receptor potencial si le gusta que se le hagan elogios sinceros y se reaccione de manera positiva ante sus actos y forma de ser, la réplica, en nueve de cada diez casos, es: «Me encanta». Tanto si la razón que tenemos para no hacer elogios de manera regular es no saber qué decir, como si constituye la cohibición, la sensación de que los otros ya conocen sus puntos fuertes y no necesitan que se los mencionen, o sencillamente la falta de hábito, ha llegado la hora de cambiar.

Decirle a alguien algo que a uno le gusta, admira o aprecia de él o ella es un «acto de amabilidad». Una vez que te habitúas a hacerlo, no se requiere casi ningún esfuerzo y, sin embargo, rinde enormes dividendos. La mayoría de las personas pasan toda su vida deseando que otros les manifiesten reconocimiento. En especial, los progenitores, el o la cónyuge, los hijos y los amigos. Pero incluso los elogios de los desconocidos sientan bien si son auténticos. Hacerle saber a otra persona lo que se siente respecto a ella, también proporciona una sensación de bienestar a la persona que hace el cumplido. Constituye un gesto de bondad. Significa que tu mente está orientada hacia lo que alguien tiene de positivo. Y cuando tus pensamientos están orientados en una dirección positiva, tus sensaciones son plácidas.

El otro día me encontraba en el colmado, y fui testigo de un increíble despliegue de paciencia. La cajera acababa de ser objeto de una regañina por parte de un cliente enfadado, obviamente sin motivo. En lugar de reaccionar en consonancia, la cajera aplacó el enojo del cliente por el sistema de conservar la calma. Cuando me tocó a mí el turno de pagar lo que había comprado, le dije: «Estoy impresionado por la forma en que ha manejado a ese cliente». Ella me miró directamente a los ojos, y replicó: «Gracias, señor. ¿Sabe que es usted la primera persona que me hace un elogio en esta tienda?». Sólo me ocupó un par de segundos comentárselo, y sin embargo constituyó un momento culminante del día para ella, y también para mí.

47

Justifica tus limitaciones,
y jamás las superarás

Muchas personas gastan una gran cantidad de energía argumentando en favor de sus limitaciones: «No puedo hacer eso», «No puedo evitarlo, siempre he sido así», «Nunca tendré una relación amorosa de verdad», y millares de otras frases negativas y derrotistas.

Nuestras mentes son instrumentos poderosos. Cuando decidimos que algo es verdad y que se halla fuera de nuestro alcance, resulta muy difícil trasponer esa barrera. Y si nosotros mismos buscamos argumentos que nos reafirmen en nuestra posición, es casi imposible lograrlo. Supón, por ejemplo, que dijeras para ti mismo: «No sé escribir». Buscarás entonces ejemplos que demuestren esa opinión. Recordarás un trabajo mediocre que hiciste cuando estabas en el instituto, y evocarás lo torpe que te sentiste la última vez que te sentaste a escribir una carta. Te llenarás la cabeza de cosas tan negativas que ni siqiera te molestarás en intentarlo. Si quieres escribir o hacer alguna otra cosa, el primer paso es silenciar a tu crítico más duro: tú mismo.

Yo tuve una cliente que me dijo: «Nunca tendré una buena relación de pareja. Siempre las estropeo». Sin lugar a dudas, tenía razón. Siempre que conocía a alguien, se ponía a buscar, sin siquiera saberlo, razones para que la nueva pareja la abandonara. Si ella llegaba tarde a una cita, le decía: «Siempre llego tarde». Si tenían un desacuerdo, declaraba: «Siempre me meto en discusiones». Antes o después, convencía a su compañero de que no era digna de su amor. Y entonces se decía: «¿Lo ves? Siempre pasa lo mismo. Nunca tendré una buena relación».

Tuvo que aprender a dejar de esperar que las cosas fueran mal, a ser consciente de que argumentaba en favor de sus propias limitaciones. Cuando comenzaba a decir «Siempre hago lo mismo», debía decir: «Eso es ridículo. Yo no hago esto siempre». Tuvo que darse cuenta de que la costumbre de argumentar en favor de sus limitaciones no era más que un hábito negativo que podía reemplazar fácilmente por uno más positivo. Hoy en día, las cosas le van mucho mejor. Cuando recae en su antiguo hábito, por lo general se ríe de sí misma.

Yo he descubierto que cuando argumento en favor de mis propias limitaciones, muy raras veces me decepciono. Sospecho que lo mismo sucede en tu caso.

48

Recuerda que todas las cosas
llevan la huella de Dios

El rabino Harold Kushner nos recuerda que todo lo que
Dios ha creado es potencialmente santo. Nuestra tarea como
seres humanos es hallar la santidad en las situaciones que
parecen impías. Él sugiere que cuando podamos hacer esto,
habremos aprendido a nutrir nuestras almas. Resulta fácil
ver la belleza de Dios en una hermosa puesta de sol, una
montaña coronada de nieve, la sonrisa de un niño hermoso,
o en las olas que rompen en una playa de arena. Pero ¿podemos aprender a encontrar lo sagrado en circunstancias aparentemente feas: las difíciles lecciones de la vida, las trage-
dias familiares, o la lucha por la vida?

Cuando en nuestra existencia tenemos ante todo el deseo
de ver lo que hay de sagrado en todas las cosas, sucede algo
mágico. Emerge una sensación de paz. Empezamos a ver, en
la vida cotidiana, aspectos que nutren nuestro espíritu y que
antes estaban ocultos a nuestros ojos. El hecho de recordar
que todas las cosas tienen la huella de Dios ya hace que sean
especiales. Si recordamos este hecho espiritual cuando tra-
tamos con una persona difícil o en nuestra lucha diaria por
pagar nuestras facturas, aprenderemos a ver las cosas desde
otra perspectiva. Recordaremos, por ejemplo, que Dios tam-

bién creó a la persona con la que estamos tratando o que, a pesar de lo duro que resulta ganarse el pan de cada día, somos verdaderamente afortunados por tener lo que tenemos.

En algún lugar en lo más profundo de tu mente, procura recordar que todo lleva la marca de Dios. El hecho de que no consigamos ver la belleza de algo, no significa que carezca de ella. Más bien sugiere que no estamos mirando con la suficiente atención o con una perspectiva lo bastante amplia como para verla.

49

Resístete al impulso de criticar

Cuando juzgamos o criticamos a otra persona, nuestro acto no dice nada acerca de esa persona; simplemente habla de nuestra necesidad de criticar.

Si asistes a una reunión social y escuchas todas las críticas que se suelen expresar contra otras personas, y cuando regresas a casa te detienes a considerar cuánto contribuyen todas esas críticas a hacer de nuestro mundo un lugar más agradable, probablemente llegarás a la misma conclusión que yo: ¡cero! No contribuyen en nada. Pero eso no es todo. Una actitud crítica no sólo no resuelve nada, sino que aumenta el enojo y la desconfianza de nuestro mundo. Al fin y al cabo, a ninguno de nosotros le gusta que le critiquen. Nuestra reacción ante la crítica es ponernos a la defensiva y/o retraernos. Una persona que se siente atacada, tiende a hacer una de estas dos cosas: o bien se retraerá por miedo o vergüenza, o bien atacará o se defenderá con enojo. ¿Cuántas veces te ha dado las gracias una persona por la crítica que le has hecho?

La actitud crítica, al igual que la de decir tacos, en realidad no es más que un mal hábito. Se trata de algo que te acostumbras a hacer; estamos familiarizados con las sensaciones que produce. Nos mantiene ocupados y nos da un tema del que hablar.

No obstante, si dedicas un momento a considerar lo que has hecho después de haber criticado a alguien, te darás cuenta de que te sientes un poco desinflado y avergonzado, casi como si fueses tú el objeto del ataque. La razón por la que sucede esto es que, cuando criticamos, es como si declaráramos abiertamente ante el mundo y ante nosotros mismos que tenemos la necesidad de criticar. Admitir una cosa así no suele hacer que nos sintamos muy orgullosos.

La solución reside en sorprenderte en el acto de criticar. Fíjate en la frecuencia con que lo haces y en lo mal que te hace sentir. Yo lo he convertido en un juego. Aún a veces me sorprendo en el acto de criticar pero, cuando esa necesidad surge, procuro decirme a mí mismo: «Ya estás otra vez». Me gusta pensar que, cada vez con mayor frecuencia, logro convertir mis tendencias críticas en tolerancia y respeto.

50

Escribe tus cinco posturas más inflexibles y mira si puedes suavizarlas

¡La primera vez que puse a prueba esta estrategia, yo era tan inflexible que insistí en que no era inflexible! Con el tiempo, a medida que avanzaba en mi propósito de convertirme en una persona más moderada, he descubierto que me resultaba cada vez más fácil ver en qué soy inflexible.

He aquí algunos ejemplos de mis clientes: «Las personas que no están estresadas son perezosas». «Mi manera de hacer las cosas es la única manera válida.» «Los hombres no saben escuchar.» «Las mujeres gastan demasiado dinero.» «Los niños dan demasiado trabajo.» «A los empresarios no les importa nada más que el dinero.» Puedes ver que la lista es potencialmente interminable. En este caso, lo importante no reside en los temas específicos en los que te muestras inflexible, sino más bien en el hecho de que te aferres con tanta fuerza a cualquier idea que puedas tener.

Suavizar tus posturas no hace que te vuelvas débil. De hecho, te hace más fuerte. Tuve un cliente que se obstinaba, hasta el punto de mostrarse ofensivo, en decir que su esposa gastaba demasiado dinero. Al relajarse un poco y reconocer lo inflexible que se mostraba, descubrió algo que ahora le hace sentirse un poco incómodo, pero de lo cual se ríe. ¡Descubrió que, en realidad, él gastaba más dinero en sí mismo que su esposa! Su objetividad se había visto enturbiada por su rigidez y obstinación.

Al volverse él más prudente y gentil, su matrimonio mejoró de inmediato. En lugar de molestarse con su esposa por algo que ella ni siquiera hacía, ahora aprecia su comedimiento. Ella, a su vez, percibe el cambio que ha habido en su actitud hacia ella y lo ama más que nunca.

51

Sólo por divertirte, muéstrate de acuerdo con las críticas dirigidas contra ti (y luego mira cómo desaparecen)

Con frecuencia nos quedamos paralizados ante la más ligera crítica. Nos comportamos como si fuera una cosa gravísima, y nos defendemos como si nos halláramos en una batalla. Sin embargo, la verdad es que la crítica no constituye nada más que una observación de otra persona acerca de nosotros, de nuestras acciones, o de la forma en que pensamos con respecto a algo, y que no encaja con la visión que tenemos de nosotros mismos. ¡Vaya problema!

Cuando reaccionamos ante la crítica con una respuesta violenta, poniéndonos a la defensiva, nos hacemos daño. Nos sentimos atacados, y tenemos la necesidad de defendernos o replicar con otra crítica. Llenamos nuestras mentes con pensamientos coléricos o hirientes dirigidos hacia nosotros mismos o hacia la persona que nos critica. Todo esto requiere una enorme cantidad de energía mental.

Un ejercicio increíblemente útil consiste en mostrarse de acuerdo con las críticas dirigidas contra uno mismo. No estoy hablando de que te conviertas en un felpudo o destroces tu autoestima creyéndote todas las cosas negativas que te dicen. Lo único que sugiero es que hay muchas ocasiones en las que el simple hecho de reconocer que las críticas son acertadas desarma la situación, satisface la necesidad que tiene la otra persona de expresar su punto de vista, te ofrece una oportunidad de aprender algo acerca de ti mismo, te ayuda a ver lo que pueda haber de verdad en la postura de otro y, tal vez lo más importante, te proporciona una oportunidad para conservar la calma.

Una de las primeras veces en que me mostré de acuerdo con una crítica dirigida hacia mí fue hace muchos años, cuando mi esposa me dijo: «A veces hablas demasiado». Recuerdo haberme sentido momentáneamente herido antes de decidir que tenía razón. Repliqué diciendo: «Tienes razón. Es verdad que a veces hablo demasiado». Entonces descubrí algo que cambió mi vida. El hecho de darle la razón me permitió ver que había algo de verdad en lo que había dicho. ¡A menudo hablo demasiado! Es más, mi reacción contribuyó a que ella se relajara. Pocos minutos más tarde, dijo: «¿Sabes?, es muy fácil hablar contigo». Dudo que hubiera dicho eso en caso de haberme enfadado por su observación. Desde entonces he aprendido que reaccionar ante las críticas jamás hace que éstas desaparezcan. De hecho, las reacciones negativas ante una crítica a menudo convencen a la persona que la hace de que su valoración de ti es acertada.

Pon a prueba esta estrategia. Creo que descubrirás que mostrarse de acuerdo con una crítica ocasional vale más de lo que cuesta.

52

Busca lo que pueda haber de acertado
en las opiniones de los demás

Si disfrutas aprendiendo tanto como haciendo felices a otras personas, esta idea te encantará.

Casi todo el mundo piensa que sus propias opiniones son buenas, ya que de otro modo nadie las compartiría con él. No obstante, uno de los hábitos más destructivos que tenemos muchos de nosotros es comparar las opiniones de los demás con las nuestras propias. Y, cuando no concuerdan, las descartamos o les buscamos los fallos. Nos sentimos pagados de nosotros mismos, la otra persona se siente rebajada y nadie aprende nada.

Casi todas las opiniones tienen algún mérito, en especial si buscamos el mérito en lugar de buscar los errores. La próxima vez que alguien te dé una opinión, en lugar de juzgarla o criticarla, mira si puedes hallar un grano de verdad en lo que está diciendo.

Si lo piensas bien, cuando juzgas a alguien o sus opiniones, en realidad no estás aclarando nada sobre la otra persona, pero sí diciendo bastante sobre tu necesidad de juzgar.

Yo todavía me sorprendo criticando los puntos de vista de otros, pero mucho menos que antes. Lo que ha cambiado es mi deseo de encontrar aquello que pueda haber de acertado en las opiniones de los demás. Si practicas esta sencilla estrategia, comenzarán a sucederte algunas cosas maravillosas: empezarás a entender a las personas con quienes te relacionas, los demás se verán atraídos por tu amplitud de miras y tu energía, aprenderás mucho más y, quizá lo más importante, te sentirás mucho mejor contigo mismo.

53

Considera el vaso como si ya estuviera roto (al igual que todo lo demás)

Ésta es una enseñanza budista que aprendí hace más de veinte años. Me ha aportado, una y otra vez, la perspectiva necesaria para guiarme hacia mi meta de ser una persona que acepte mejor las cosas.

La esencia de esta enseñanza es que todo lo que hay en la vida se halla en un estado de cambio constante. Todo tiene un comienzo y tiene un final. Todos los árboles comienzan por una semilla y, llegado el momento, volverán a transformarse en tierra. Todas las rocas se forman y todas las rocas acaban por desaparecer. En nuestro mundo moderno, eso significa que cada coche, cada máquina, cada prenda de ropa, se crea y terminará por gastarse y deshacerse; es sólo cuestión de tiempo. Nuestros cuerpos han nacido y morirán. Un vaso se crea, y acabará por romperse.

Esta enseñanza te ayudará a encontrar la paz. Cuando esperas que algo se rompa, no te sorprendes ni te sientes decepcionado cuando sucede. En lugar de quedarte inmovilizado cuando algo se destruye, te sientes agradecido por el tiempo que has tenido para disfrutarlo.

Lo mejor es comenzar con cosas pequeñas, como por ejemplo un vaso. Saca tu vaso favorito. Dedica un momento a mirarlo y a apreciar su belleza y todo lo que hace por ti. Ahora, imagina que está roto, que se ha hecho pedazos en el suelo. Intenta conservar la perspectiva de que, con el tiempo, todo se desintegra y vuelve a su forma original.

Obviamente, nadie quiere que su vaso preferido, ni ninguna otra cosa, se rompa. Esta filosofía no constituye una prescripción para volverse pasivo ni apático, sino para reconciliarse con la dinámica de la existencia. Cuando tu vaso se rompe, esta filosofía te permite conservar la perspectiva. En lugar de pensar: «¡Qué faena!», te sorprenderás pensando: «Vaya, adiós vaso». Juega con esta conciencia y descubrirás que no sólo conservas la calma sino que aprecias la vida como nunca antes.

54

Acepta la realidad: vayas a donde vayas, no podrás escapar de ti mismo

Éste es el título de un fantástico libro de Jon Kabat-Zinn. Como el título sugiere, ¡a dondequiera que vayas, te llevas a ti mismo! La importancia de esta frase reside en que puede enseñarte a que dejes de desear constantemente poder estar en otra parte. Tendemos a pensar que si estuviéramos en otro sitio —de vacaciones, con otra pareja, en un trabajo diferente del que tenemos, en una casa distinta, en unas circunstancias diferentes—, de alguna manera seríamos más felices y nos sentiríamos más conformes. ¡No sería así!

La verdad es que si tienes hábitos mentales destructivos (si te molestas o irritas con facilidad, si te sientes enfadado o frustrado durante una buena parte del tiempo, o si estás constantemente deseando que las cosas sean diferentes), estas mismas tendencias te seguirán a dondequiera que vayas. Y lo contrario también es verdad. Si eres una persona feliz en general, que raras veces se irrita o se molesta, puedes ir a donde sea y hablar con quien quieras, pues no encontrarás cosas negativas en tu camino.

Una vez alguien me preguntó: «¿Cómo es la gente de California?». Yo inquirí: «¿Cómo es la gente en el estado donde vive usted?». Mi interlocutor replicó: «Egoísta y codiciosa». Entonces le respondí que probablemente la gente de California le parecería egoísta y codiciosa.

Cuando uno comprende realmente que la vida, al igual que un automóvil, es algo que se conduce desde dentro, y no al revés, sucede algo maravilloso. A medida que empiezas a aceptar lo que tienes, en lugar de pensar en lo que querrías tener, una gran paz inunda tu vida. Y esa paz interior te acompañará allá donde vayas, cuando pruebes cosas nuevas y conozcas a nuevas personas. No hay cosa más cierta que ésta, que «vayas a donde vayas, no podrás escapar de ti mismo».

55

Respira antes de hablar

Esta sencilla estrategia le ha dado resultados notables a prácticamente todas las personas que conozco que la han probado. Los resultados casi inmediatos incluyen aumento de la paciencia, mayor sentido de la perspectiva y, como beneficio colateral, más gratitud y respeto por parte de los demás.

La estrategia en sí es notablemente simple. No implica nada más que hacer una pausa —y respirar—, cuando la persona con quien estás hablando ha concluido. Al principio, el espacio en blanco entre las dos voces puede parecer una eternidad... aunque en realidad sólo represente una fracción de segundo en tiempo real. Te habituarás al poder y la belleza de respirar, y también llegarás a apreciarlo. Es algo que te acercará más a prácticamente todas las personas con las que entres en contacto, y hará que te respeten muncho más. Descubrirás que ser escuchado es uno de los más raros y más codiciados regalos que puedes ofrecer. Lo único que requiere es voluntad y práctica.

Si te detienes a observar las conversaciones que se producen a tu alrededor, advertirás que, con frecuencia, lo que muchos de nosotros hacemos es simplemente esperar nuestra oportunidad para hablar. No estamos escuchando de verdad a la otra persona, sino simplemente esperando una oportunidad para expresar nuestro punto de vista. Con frecuencia acabamos las frases de los demás o decimos cosas como: «Sí, sí…», o «Ya lo sé», con mucha rapidez, instándolos a que se den prisa para que nos llegue el turno a nosotros. Da la impresión de que hablar con otro es a veces más parecido a hacer fintas como dos boxeadores, o a lanzarse pelotas de tenis de mesa, que a disfrutar o aprender de la conversación.

Esta modalidad precipitada de comunicación nos lleva a criticar puntos de vista, reaccionar de manera exagerada, malinterpretar, atribuir motivaciones falsas y formarnos opiniones, todo ello antes de que nuestro interlocutor acabe siquiera de hablar. No es de extrañar que tan a menudo nos sintamos fastidiados, molestos e irritados con los otros. Con las pocas dotes que tenemos para escuchar, ¡es un milagro que tengamos algún amigo!

Yo he pasado la mayor parte de mi vida esperando mi turno para hablar. Si te pareces a mí un poco, te sentirás agradablemente sorprendido ante las reacciones y la expresión de sorpresa que encontrarás cuando dejes que los demás acaben de expresar sus pensamientos, antes de comenzar con los tuyos. Es posible incluso que, en algún caso, estés dándole a la otra persona la oportunidad de sentirse escuchada por primera vez en la vida. Verás que la persona con quien hablas se siente aliviada… y que la comunicación se convierte en algo más agradable y relajado. No hay necesidad de preocuparse por la posibilidad de que no te llegue el turno de hablar: te llegará. Y de hecho, resultará más gratificante hablar porque la persona con la que te encuentres se contagiará de tu respeto y paciencia y empezará a hacer lo mismo.

56

Muéstrate agradecido cuando te sientas bien y cuando te sientas mal

Ni siquiera la persona más feliz de la tierra es siempre feliz. De hecho, la gente más feliz tiene también sus momentos malos, problemas, decepciones y pesares. A menudo, la diferencia entre una persona feliz y una persona desdichada no reside en la frecuencia con que pasan un momento anímico bajo, ni la profundidad a la que caen, sino en la manera que afrontan esos momentos. ¿Cómo viven sus cambiantes sensaciones?

Muchas personas hacen las cosas al revés. Cuando se sienten deprimidas, se suben las mangas y se ponen a trabajar. Se toman sus malos momentos demasiado en serio e intentan desentrañar y analizar qué está mal. Intentan salir de la depresión por la fuerza, cosa que tiende a aumentar el problema en lugar de solucionarlo.

Cuando observas a las personas plácidas, relajadas, descubres que cuando se sienten bien, están muy agradecidas. Entienden que tanto las sensaciones positivas como las negativas van y vienen, y que llegará un momento en el que no se sentirán tan bien como ahora. Para la gente feliz, está bien, así son las cosas. Aceptan la inevitabilidad de las sensaciones pasajeras. Así pues, cuando se sienten deprimidas, enfadadas o estresadas, se enfrentan a la situación con la misma mente abierta y la misma sabiduría. En lugar de resistirse y dejarse llevar por el pánico sólo porque se sienten mal, aceptan la situación con el convencimiento de que también pasará. En lugar de andar a tropezones y luchar contra sus sensaciones negativas, las aceptan valientemente. Y eso les permite salir airosos del mal trago y adentrarse en estados más positivos. Una de las personas más felices que conozco es alguien que también cae en depresiones bastante profundas de vez en cuando. La diferencia, al parecer, reside en que él ha logrado aceptar la presencia de esos estados de ánimo. Es casi como si no le importara porque sabe que, a su debido tiempo, volverá a ser feliz. Para él, no es nada del otro mundo.

La próxima vez que te sientas mal, en lugar de luchar contra ello, procura relajarte. Mira si, en lugar de dejarte ganar por el pánico, puedes actuar con serenidad. Ten presente que si no luchas contra tus sensaciones negativas, si actúas con equilibrio, pasarán con tanta certeza como que el sol se pone al atardecer.

57

Conviértete en un conductor menos agresivo

¿Cuándo te pones más tenso? Si te pareces a la mayoría de las personas, conducir en medio del tráfico probablemente ocupe uno de los primeros lugares de tu lista. Actualmente, las autovías parecen pistas de carreras más que lugares para circular.

Existen tres razones excelentes para convertirse en un conductor menos agresivo. En primer lugar, cuando eres agresivo, te pones, y pones a todos los que te rodean, en un extremo peligro. En segundo, conducir de manera agresiva es tremendamente estresante. Te aumenta la presión sanguínea, aprietas más las manos sobre el volante, fuerzas los ojos y los pensamientos se escapan de tu control. En tercero, no consigues llegar antes a donde vas.

Hace poco, iba en mi coche desde Oakland a San José. El tráfico era lento, pero avanzaba. Reparé en un conductor extremadamente agresivo y enojado que pasaba de un carril a otro, aceleraba y aminoraba. Resultaba obvio que tenía prisa. Permanecimos en el mismo carril durante casi los sesenta y cuatro kilómetros del recorrido. Escuchaba un casete nuevo que había comprado, y me había entregado a mis ensoñaciones. Disfrutaba mucho del viaje porque conducir me proporciona la oportunidad de estar a solas. Cuando ya salía de la autovía, el conductor agresivo llegó por detrás y pasó a toda velocidad por mi lado. Sin darme cuenta, había llegado a San José antes que él. A pesar de todos sus cambios de carril, bruscas aceleraciones y el peligro en que había puesto a las personas que lo rodeaban, no había logrado nada, excepto tal vez que le subiera la presión sanguínea, y un desgaste y esfuerzo excesivos para su coche. Habíamos conducido más o menos a la misma velocidad.

El mismo principio es aplicable a las ocasiones en que ves a los conductores pasar a toda velocidad junto a ti para llegar antes al siguiente semáforo en rojo. Sencillamente, no vale la pena correr. Especialmente si tienes en cuenta que te arriesgas a que te pongan una multa o te retiren el carnet.

Cuando tomas la decisión consciente de convertirte en un conductor menos agresivo, comienzas a usar el tiempo que pasas en el coche para relajarte. Procura ver la actividad de conducir no sólo como un medio para trasladarte de un lugar a otro, sino como una oportunidad para respirar y reflexionar. En lugar de tensar los músculos, mira si puedes relajarlos. Yo tengo incluso algunas grabaciones que están especialmente hechas para inducir la relajación muscular. A veces escucho una. Para cuando llego a mi destino, me siento más relajado que antes de meterme en el coche. Durante el curso de tu vida, probablemente vas a pasar mucho tiempo dentro del coche. Puedes dedicar esos momentos a sentirte frustrado, o puedes usarlos con sabiduría. Si haces esto último, serás una persona más relajada.

58

Relájate

¿Qué significa relajarse? A pesar de haber oído este término millares de veces en el curso de nuestra vida, muy pocas personas nos hemos parado a considerar en profundidad su significado.

Cuando le preguntas a la gente (cosa que yo he hecho en numerosas ocasiones) qué significa relajarse, la mayoría te contesta de un modo que sugiere que relajarse es algo que proyectas hacer más tarde: lo haces cuando estás de vacaciones, cuando te tumbas en una hamaca, cuando te jubilas, o cuando has conseguido acabarlo todo. Esto implica, por supuesto, que la mayoría de las otras ocasiones (el otro noventa y cinco por ciento de la vida) deben pasarse en estado de nervios, agitación, precipitación y frenesí. Muy pocos son los que lo expresan así, pero es la consecuencia obvia. ¿Podría esto explicar por qué somos tantos los que actuamos como si la vida fuese un asunto de una enorme gravedad? La mayoría de nosotros posponemos la relajación para cuando nuestra «carpeta de cosas pendientes» esté vacía. Por supuesto, nunca lo estará.

Resulta útil pensar en la relajación como en una cualidad del corazón a la que puedes acceder de modo regular, en lugar de considerarla algo reservado para algún momento posterior. Puedes relajarte ahora mismo. Y ayuda mucho tener presente que las personas que saben relajarse pueden, a pesar de eso, ser grandes triunfadoras y que, de hecho, la relajación y la creatividad van de la mano. Cuando yo me siento tenso, por ejemplo, ni siquiera intento escribir. Pero cuando me siento relajado, la escritura fluye con rapidez y facilidad.

Ser una persona más relajada implica entrenarse para reaccionar de modo diferente ante los dramas de la vida: convertir tu melodrama en un microdrama. Eso se logra, en parte, recordándose a uno mismo (con afectuosa bondad y paciencia) que puede elegir la forma en que reacciona ante la vida. Puedes aprender a relacionarte con tus pensamientos, así como con las circunstancias, de manera diferente. En la práctica, tu decisión se traducirá en un estado personal de mayor relajación.

59

Adopta a un niño por correo

Aunque no quiero convertir este libro en un anuncio en favor de las agencias de servicios, tengo que decir que mi experiencia de adoptar a un niño por correo ha resultado extremadamente positiva. No, no adoptas de verdad a un niño, pero sí le ayudas y, al mismo tiempo, tienes la oportunidad de conocerlo. La experiencia le ha aportado a toda mi familia una alegría y una satisfacción tremendas. Mi hija de seis años tiene un niño adoptado, y ha disfrutado y aprendido muchísimo con la experiencia. Mi hija y su amigo se escriben con regularidad, y hacen dibujos que nosotros colgamos de las paredes. Disfrutan averiguando cosas de la vida del otro.

Cada mes, contribuyes con una suma de dinero muy pequeña a la agencia encargada de ayudar a los niños. El dinero se usa para ayudar a los niños y a sus progenitores, lo cual hace que enviar a los niños a la escuela y cuidar de sus necesidades resulte un poco más fácil.

Creo que la razón por la que disfrutamos tanto con este tipo de contribución, es que se trata de algo interactivo. Normalmente, cuando haces donaciones para una obra de caridad, no tienes manera de saber a quién estás ayudando. En este caso, no sólo llegas a saber de quién se trata, sino que disfrutas del privilegio de llegar a conocerle. Además, la regularidad de la relación que mantienes te recuerda lo afortunado que eres por hallarte en una posición que te permita ayudar. En mi caso y en el de muchas personas que conozco, este tipo de donación despierta sentimientos de gratitud.

60

Convierte tu melodrama en un microdrama

En cierto sentido, esta estrategia es sólo otra manera de decir «no sufras por pequeñeces». Mucha gente vive como si la vida fuese un melodrama: «representación extravagantemente teatral en la que predominan la acción y la intriga». ¿Te suena? Con grandes dosis de dramatismo sacamos las cosas de su justa proporción, y hacemos una montaña de pequeñas cosas. Olvidamos que la vida no es tan mala como nos parece, y que las cosas tienen su proporción justa, que somos nosotros quienes se empeñan en sacarlas de quicio.

Yo he descubierto que el sencillo procedimiento de recordarme a mí mismo que la vida no tiene que ser una radionovela lacrimógena, constituye un poderoso método para serenarme. Cuando me pongo demasiado tenso o empiezo a tomarme a mí mismo demasiado en serio (cosas que suceden más a menudo de lo que me gustaría admitir), me digo algo parecido a: «Ya estamos otra vez. Menudo dramón». Normalmente, esto desarma mi actitud de seriedad y me ayuda a reírme de mí mismo. Este simple recordatorio me permite cambiar de canal y sintonizar una emisora más plácida. Mi melodrama se transforma en un microdrama.

Si alguna vez has seguido una radionovela lacrimógena, habrás visto cómo los personajes se toman las pequeñas cosas con tanta seriedad como para arruinar sus vidas a causa de ellas: alguien dice algo que les ofende, les mira mal, o flirtea con su cónyuge. Su reacción suele ser: «Oh, Dios mío, ¿cómo ha podido sucederme esto a mí?». A continuación exacerban el problema hablando con otras personas de lo «horrible que es». Convierten la vida en una emergencia... un melodrama.

La próxima vez que te sientas estresado, experimenta con esta estrategia: recuerda que la vida no es una emergencia, y convierte tu melodrama en un microdrama.

61

Lee artículos y libros que expresen puntos de vista por completo diferentes de los tuyos, e intenta aprender algo

¿Te has dado cuenta de que la práctica totalidad de lo que lees justifica y refuerza tus propias opiniones y puntos de vista acerca de la vida? Lo mismo sucede con los programas que elegimos para oír y ver en radio y televisión. De hecho, en el programa de radio más popular de Estados Unidos, la gente que llama a menudo se identifica como «de la misma opinión», lo cual significa: «Ya estoy de acuerdo con todo lo que dice. Cuénteme más». Progresistas, conservadores... somos todos iguales. Nos formamos opiniones y pasamos la totalidad de nuestras vidas validando lo que creemos que es verdad. Esta rigidez es algo triste, porque hay muchísimas cosas que podemos aprender de otros puntos de vista. También es triste porque la inflexibilidad que requiere mantener nuestros corazones y mentes cerrados a todo lo que no sean nuestros propios puntos de vista genera una enorme cantidad de estrés. Una mente cerrada está siempre luchando para mantener todo lo demás a distancia.

Nos olvidamos de que todos estamos igualmente convencidos de que nuestra manera de considerar el mundo es la única correcta. Olvidamos que dos personas que están en desacuerdo la una con la otra pueden a menudo usar ejemplos idénticos para demostrar la validez de sus puntos de vista... y que ambos argumentos pueden ser claros y convincentes.

Si sabemos esto, podemos empecinarnos y volvernos todavía más inflexibles... ¡o podemos alegrarnos e intentar aprender algo nuevo! Durante sólo unos pocos minutos al día —con independencia de tu punto de vista respecto a la vida—, procura realizar un esfuerzo por leer artículos y/o libros que expresen puntos de vista diferentes de los tuyos. No es necesario que cambies tus creencias ni tus opiniones más profundamente arraigadas. Lo único que estarás haciendo será ampliar tu mente y abrir tu corazón a ideas nuevas. Esto reducirá el estrés que provoca tener que mantener los otros puntos de vista a raya. Además de resultar muy interesante, esta práctica contribuye a que veas la inocencia en la actitud de las otras personas, además de ayudarte a ser más paciente. Te convertirás en una persona más relajada y filosófica, porque empezarás a percibir la lógica de los puntos de vista de los demás. Mi esposa y yo estamos suscritos a publicaciones tanto conservadoras como progresistas de Estados Unidos. Yo diría que los unos y los otros han ampliado nuestra perspectiva de la vida.

62

Haz una cosa por vez

El otro día iba con mi coche por la autovía y me fijé en un hombre que, mientras conducía por un carril rápido, ¡se afeitaba, bebía café, y leía el periódico! «Perfecto», pensé para mí, ya que justo aquella mañana había estado intentando pensar en un ejemplo adecuado para señalar la locura de nuestra frenética sociedad.

¿Con qué frecuencia intentamos hacer más de una cosa por vez? Tenemos teléfonos inalámbricos que supuestamente deberían hacer nuestra vida más fácil pero, en determinados aspectos, la vuelven más confusa. Hace algún tiempo, mi esposa y yo fuimos a cenar a casa de una amiga, ¡y la vimos hablando por teléfono mientras abría la puerta, controlaba la comida y le cambiaba los pañales a su hija (¡después se lavó las manos, por supuesto!). Muchos de nosotros tenemos la misma tendencia cuando hablamos con alguien y tenemos la cabeza en otra parte, o cuando estamos realizando tres o cuatro tareas al mismo tiempo.

Cuando se hacen demasiadas cosas a la vez, resulta imposible centrarse en el momento presente. Así pues, no sólo te pierdes una buena parte del placer potencial de lo que estás haciendo, sino que además te concentras mucho menos y resultas mucho menos eficaz.

Un ejercicio interesante consiste en comprometerse con uno mismo a no hacer más que una cosa por vez durante determinados períodos. Tanto si estás lavando platos, hablando por teléfono o conduciendo el coche, jugando con tu hijo o hablando con tu cónyuge, como si estás leyendo una revista, intenta centrarte sólo en eso. Mantén la cabeza en lo que estás haciendo. Concéntrate. Advertirás que comienzan a suceder dos cosas. La primera es que disfrutarás realmente con lo que estés haciendo, incluso con algo tan prosaico como fregar platos o limpiar un armario. Cuando estás concentrado, en lugar de distraído, eso te aporta la capacidad de abstraerte en la actividad que realizas, cualquiera que sea. La segunda es que te asombrarás de la rapidez y eficiencia con que acabas las cosas. Desde que aprendí a mantener la cabeza en lo que hago en cada momento, mis distintas habilidades han mejorado considerablemente: escribir, leer, limpiar la casa y hablar por teléfono. Tú puedes hacer lo mismo. Todo empieza por la decisión de no hacer más de una cosa a la vez.

63

Cuenta hasta diez

Cuando yo era niño, mi padre solía contar hasta diez en voz alta cuando se enfadaba con mis hermanas y conmigo. Era una estrategia que él, y muchos otros progenitores, usaban para tranquilizarse antes de decidir lo que harían a continuación.

Yo he mejorado esta estrategia incorporando el uso de la respiración. Lo único que tienes que hacer es lo siguiente: cuando sientas que estás enojándote, realiza una larga y profunda inspiración, y mientras lo haces, di para ti el número uno. A continuación, relaja todo el cuerpo mientras espiras. Repite el mismo proceso con el número dos, y continúa con los demás hasta al menos el número diez (si estás realmente enfadado, continúa hasta veinticinco). Lo que estás haciendo en este caso es limpiar la mente mediante una versión reducida de un ejercicio de meditación. Esta combinación de contar y respirar resulta tan relajante que te será casi imposible continuar enfadado cuando acabes. El incremento de oxígeno en los pulmones y el tiempo transcurrido entre el momento en que te enfades y el instante en que acabes el ejercicio, te permitirá aumentar tu sentido de la perspectiva. Esto contribuirá a que las «cosas grandes» te parezcan «pequeñeces». El ejercicio es igualmente eficaz para trabajar el estrés o la frustración. Siempre que te sientas un poco trastornado, ponlo a prueba.

64

Practica la posición de estar en el «ojo de la tormenta»

El ojo de la tormenta es ese punto específico del centro de un tornado, huracán o tifón, que se encuentra en calma, casi aislado del frenesí de actividad. Todo lo que hay alrededor del centro es violento, turbulento, pero el centro permanece tranquilo. ¡Qué agradable sería si también nosotros pudiéramos conservar la calma y la serenidad en medio del caos... en el ojo de la tormenta!

Curiosamente, estar en el ojo de una «tormenta humana» resulta mucho más fácil de lo que podrías imaginar. Lo único que se requiere es voluntad y práctica. Supón, por ejemplo, que vas a una reunión familiar que va a ser caótica. Puedes hacerte el propósito de aprovechar la experiencia para conservar la calma. Puedes comprometerte a ser la única persona de la habitación que vaya a constituir un ejemplo de serenidad. Puedes practicar con la respiración. Puedes practicar tu capacidad para escuchar. Puedes dejar que los otros tengan razón y disfruten de la gloria. Lo importante es que puedes hacerlo si te lo propones.

Comenzando con situaciones inofensivas como las reuniones familiares, las fiestas con amigos y las fiestas de cumpleaños de los niños, puedes acumular un historial de logros y disfrutar de algunos resultados positivos. Descubrirás que, al hallarte en el ojo de la tormenta, tu mente es mucho más consciente de tu realidad inmediata, y disfrutarás como nunca antes. Una vez que hayas dominado circunstancias inofensivas como éstas, puedes practicar en áreas más difíciles de la vida: manejar conflictos, infortunios y momentos de dolor. Poco a poco, a medida que adquieras más práctica y empieces a cosechar éxitos, aprenderás a vivir en el ojo de la tormenta.

65

Sé flexible con los cambios dentro de tus planes

Una vez que se me mete algo en la cabeza (un plan), me resulta difícil renunciar a él y dejarme llevar por la corriente. Me enseñaron, y hasta cierto punto es sin duda verdad, que el éxito, o la conclusión satisfactoria de un proyecto, requiere perseverancia. Al mismo tiempo, sin embargo, la inflexibilidad crea una cantidad enorme de estrés y a menudo nos convierte en seres irritantes e insensibles para con los demás.

Me gusta escribir la mayoría de las cosas a primera hora de la mañana. Tal vez me haya propuesto, en el caso de este libro, por ejemplo, concluir una o dos estrategias antes de que nadie de mi familia se despierte. Pero ¿qué pasa si mi hija de cuatro años se despierta temprano y sube a verme? Mis planes ciertamente se ven alterados, pero ¿cómo reacciono? O tal vez tenga proyectado salir a correr un rato, antes del café. ¿Qué pasa si recibo una llamada urgente del consultorio y tengo que saltarme el ejercicio?

Existen incontables ejemplos: ocasiones en las que nuestros planes cambian de manera repentina, algo que pensábamos que iba a tener lugar no sucede, alguien no hace lo que dijo que haría, ganas menos dinero del que pensabas que ganarías, alguien cambia tus planes sin tu consentimiento, dispones de menos tiempo del proyectado en principio, surge algo inesperado... y la lista podría continuar eternamente. La pregunta que debes hacerte es: ¿qué tiene verdadera importancia?

A menudo utilizamos la excusa de que es natural sentirse frustrado cuando cambian nuestros planes. Eso depende, sin embargo, de cuáles sean nuestras prioridades. ¿Es más importante atenerme a un rígido programa de escritura, o estar a disposición de mi hija de cuatro años? ¿Vale la pena que me altere por no poder salir a correr durante treinta minutos? O, de modo más general, «¿qué tiene más importancia, que consiga lo que quiero y logre que se cumplan mis planes, o que aprenda a dejarme llevar por la corriente?». Lo que está claro es que, para convertirte en una persona más apacible, tienes que anteponer la flexibilidad a la rigidez en la mayoría de los casos (obviamente, habrá excepciones). Personalmente, también me resulta de utilidad partir de la base de que un determinado porcentaje de los planes acabará cambiando. Si dejo lugar en mi mente para este hecho inevitable, puedo decir cuando sucede: «He aquí uno de esos hechos inevitables».

Descubrirás que si te pones la meta de convertirte en alguien más flexible, comenzarán a suceder algunas cosas maravillosas: te sentirás más relajado, y sin embargo no sacrificarás tu productividad. Puede que incluso te vuelvas más productivo, porque no necesitarás gastar tantas energías en estar alterado y preocupado. Yo he aprendido a confiar en que acabaré las cosas en el plazo que me he fijado, lograré la mayoría de mis objetivos, y cumpliré con mis responsabilidades a pesar de que tal vez tenga que alterar ligeramente (o incluso por completo) mis planes. Por último, la gente que te rodee también estará más relajada. No se sentirán como si tuvieran que caminar de puntillas si, por alguna causa, tus planes tienen que cambiar.

66

Piensa en lo que tienes en lugar de pensar en lo que quieres

En los más de doce años que llevo trabajando como terapeuta de estrés, una de las tendencias más extendidas y destructivas que he visto es la de concentrarse en lo que queremos en lugar de hacerlo en lo que tenemos. Parece que no importa lo mucho que podamos tener; nuestra lista de deseos sigue creciendo y creciendo, cosa que garantiza que continuemos insatisfechos. El mecanismo que nos hace pensar que conseguir determinado deseo nos hará sentirnos satisfechos no se detendrá cuando esto suceda.

Un domingo, un amigo nuestro se instaló definitivamente en su nueva casa. ¡La siguiente vez que nos vimos estaba hablando de la próxima casa que tendría y que iba a ser todavía más grande! No es el único. La mayoría de nosotros hacemos exactamente lo mismo. Queremos esto o lo otro. Si no conseguimos lo que queremos, pensamos continuamente en lo que no tenemos... y nos sentimos insatisfechos. Si conseguimos lo que queremos, simplemente recreamos el mismo pensamiento dentro de las nuevas circunstancias. Así pues, a pesar de obtener lo deseado, continuamos sin sentirnos felices. No puede encontrarse la felicidad cuando uno siempre está suspirando por deseos nuevos.

Por suerte, existe una manera de ser feliz. Implica desplazar nuestros pensamientos de lo que queremos a lo que tenemos. En lugar de desear que tu cónyuge sea diferente, intenta pensar en sus maravillosas cualidades. En lugar de quejarte por tu sueldo, da las gracias por tener un empleo. En lugar de desear haber podido irte de vacaciones a Hawai, piensa en lo mucho que te has divertido en un lugar más cercano a casa. ¡La lista de posibilidades es interminable! Cada vez que te des cuenta de que estás cayendo en la trampa de «ojalá la vida fuera diferente», retrocede y vuelve a empezar. Respira y piensa en todas las cosas por las que puedes estar agradecido. De todos modos, cuando uno pone los pies en el suelo y trabaja de acuerdo con sus posibilidades, consigue muchas de las cosas que quiere. Si te centras en las buenas cualidades de tu cónyuge, se mostrará más afectuoso. Si te sientes agradecido por tu empleo en lugar de quejarte de él, harás un mejor trabajo, serás más productivo y probablemente acabes por conseguir un aumento de sueldo. Si buscas maneras de divertirte dentro de tu propio país en lugar de querer divertirte en Hawai, acabarás divirtiéndote más. Si alguna vez llegas a ir a Hawai, habrás adquirido el hábito de divertirte. Y, si por alguna razón no vas, tendrás una vida fantástica de todos modos.

Hazte el propósito de empezar a pensar más en lo que tienes en lugar de en lo que quieres. Si lo haces, la vida te parecerá mucho más agradable. Tal vez por primera vez en la vida, sabrás qué significa sentirse satisfecho.

67

Dedícate a la práctica de hacer caso omiso de tus pensamientos negativos

Se ha estimado que el ser humano tiene alrededor de 50.000 pensamientos al día. Son muchísimos pensamientos. Algunos de estos pensamientos son positivos y productivos. Por desgracia, sin embargo, muchos de ellos serán negativos: enojo, miedo, pesimismo, inquietud. Por lo que respecta a transformarte en una persona más apacible, la cuestión no es si vas a tener o no pensamientos negativos —vas a tenerlos—, sino cómo vas a reaccionar ante ellos.

Los pensamientos —cualquier pensamiento— ¡no son más que eso, ¡pensamientos! No pueden hacerte daño si tú no quieres. Por ejemplo, si te asalta un pensamiento sobre tu pasado («Estoy molesto porque mis padres no hicieron un trabajo muy bueno»), puedes abstraerte, cosa que hacen muchas personas, y dejarte arrastrar a un torbellino interior. Puedes conferirle importancia a ese pensamiento dentro de tu mente, y convencerte de que, en efecto, deberías ser infeliz. O puedes reconocer que, si te dejas llevar, ese pensamiento crecerá y crecerá como una bola de nieve, y descartarlo. Esto no significa que tu infancia no haya sido difícil —muy bien puede haberlo sido—, pero en este momento tienes la libertad de elegir a qué pensamientos prestar atención.

La misma dinámica es aplicable a los pensamientos que has tenido esta mañana, e incluso a lo sucedido hace cinco minutos. Una discusión que se suscitó cuando salías por la puerta camino del trabajo, ya no es una discusión real, es un pensamiento dentro de tu mente. Esta dinámica también es aplicable a los pensamientos sobre el futuro: esta próxima velada, la semana que viene, o dentro de diez años. Descubrirás que, si haces caso omiso de los pensamientos negativos que llenan tu mente, o los descartas, en seguida te sentirás más relajado. Y tu sabiduría y tu sentido común te dirán qué debes hacer. Esta estrategia requiere práctica, pero merece la pena el esfuerzo.

68

Predisponte a aprender de los amigos
y la familia

Una de las cosas más lamentables que he observado tiene que ver con lo reticentes que muchos nos mostramos a aprender de las personas más allegadas a nosotros: nuestros progenitores, cónyuges, hijos y amigos. En lugar de estar abiertos al aprendizaje, nos cerramos a causa del azoramiento, el miedo, la testarudez o el orgullo. Es casi como si dijésemos para nuestros adentros: «Ya he aprendido todo lo que puedo [o quiero aprender] de esta persona; no hay nada más que pueda [o necesite] aprender».

Es algo triste, porque a menudo la gente que tenemos más próxima es la que mejor nos conoce. Saben cuándo actuamos de modo derrotista, y podrían ofrecernos soluciones sencillas. Si somos demasiado orgullosos o testarudos como para aprender, pasamos por alto algunas maneras maravillosas y sencillas de mejorar nuestra vida.

Yo he procurado mantenerme abierto a las sugerencias de mis amigos y familiares. De hecho, he llegado hasta el punto de preguntarles a ciertos miembros de mi familia y a unos cuantos amigos: «¿Cuáles son algunos de mis puntos débiles?». Esto no sólo hace que la persona a quien interrogas se sienta necesaria y especial, sino que tú acabas recibiendo

algunos consejos fantásticos. Constituye una manera sencilla de fomentar el propio crecimiento espiritual, y sin
embargo casi nadie la utiliza. Lo único que requiere es un
poco de valentía y humildad, y la capacidad de olvidarse del
propio ego, especialmente si tienes el hábito de hacer caso
omiso de las sugerencias, interpretarlas como críticas, o de-
soír a determinados miembros de tu familia. Imagínate lo
sorprendidos que se quedarán cuando les pidas, con sinceri-
dad, su consejo.

Escoge un tema que, en tu opinión, la persona esté cua-
lificada para responder. Por ejemplo, a menudo le pido a mi
padre consejos sobre mis negocios. Incluso cuando se pone
a darme una pequeña conferencia, vale la pena. Los consejos que me da habitualmente evitan que tenga que aprender algo por la vía dura.

69

Sé feliz allí donde estés

Lamentablemente, muchos de nosotros posponemos nuestra felicidad de manera constante... indefinida. No se trata de que decidamos hacerlo de manera consciente, sino que nos convencemos cada día de que «algún día seré feliz». Nos decimos que seremos felices cuando hayamos pagado nuestras deudas, cuando acabemos los estudios, tengamos nuestro primer empleo, un ascenso. Nos convencemos de que nuestra vida será mejor cuando nos hayamos casado, hayamos tenido un hijo, luego otro. A continuación nos sentimos frustrados porque nuestros hijos no son lo bastante mayores... nos sentiremos más contentos cuando lo sean. Después de eso, nos sentimos frustrados porque tenemos que tratar con unos adolescentes. Ciertamente, seremos felices cuando hayan salido de esa etapa. Nos decimos que nuestra vida estará completa cuando nuestro cónyuge consiga organizarse, cuando tengamos un coche mejor, podamos irnos de vacaciones a lugares más bonitos, cuando nos jubilemos. ¡Y la lista continúa, continúa y continúa!

Entretanto, la vida prosigue su avance. La verdad es que no existe mejor momento para ser feliz que el ahora. Si no, ¿cuándo vas a serlo? Tu vida estará siempre llena de retos. Es mejor que lo admitas y decidas ser feliz de todas formas.

Una de mis citas preferidas es de Alfred De Souza. Dice así: «Durante mucho tiempo tuve la impresión de que la vida estaba a punto de comenzar... la vida real. Pero siempre había algún obstáculo en el camino, algo que había que solucionar antes, algún asunto inacabado, obligaciones que cumplir, una deuda que pagar. Luego comenzaría la vida. Al fin, me di cuenta de que estos obstáculos eran mi vida». Esta perspectiva me ha ayudado a ver que no existe ningún camino hacia la felicidad. La felicidad es el camino en sí.

70

Recuerda que te conviertes
en aquello que más practicas

La práctica repetida constituye uno de los principios más básicos de la mayoría de los senderos espirituales y meditativos. En otras palabras, lo que más practicas es aquello en lo que te conviertes. Si tienes el hábito de ponerte tenso siempre que la vida no va del todo bien, reaccionar ante las críticas poniéndote a la defensiva, insistir en tener razón, permitir que tus pensamientos negativos vayan creciendo como una bola de nieve en respuesta a la adversidad, o actuar como si la vida fuera una emergencia, entonces, por desgracia, tu vida será un reflejo de este tipo de práctica. Te sentirás frustrado porque, en un sentido, has practicado el estado de frustración.

Y sin embargo, también puedes sacar a la superficie cualidades como la compasión, la paciencia, la bondad, la humildad y la paz... una vez más, mediante la práctica. Creo que puede decirse, sin temor a equivocarse, que la práctica hace la perfección. Tiene sentido, pues, poner cuidado en lo que practicas.

Esto no es una sugerencia para que hagas de tu vida un gran proyecto cuya meta consista en mejorar tu personalidad de manera constante. Lo único que deseo es que comprendas que resulta muy útil adquirir conciencia de los propios hábitos, tanto internos como externos. ¿En qué está centrada tu atención? ¿Cómo pasas el tiempo? ¿Estás cultivando hábitos que sean útiles para las metas que te has propuesto alcanzar? Lo que quieres que tu vida represente, ¿guarda coherencia con lo que tu vida representa en realidad? El simple planteamiento de éstas y otras preguntas importantes, y la respuesta sincera a las mismas, contribuirá a determinar qué estrategias son las más útiles en tu caso. ¿Te has dicho alguna vez: «Me gustaría pasar más tiempo a solas», o «Siempre he deseado aprender a meditar», aunque, de alguna manera, nunca hayas encontrado el tiempo para hacerlo? Lamentablemente, son muchas las personas que pasan mucho más tiempo lavando el coche o mirando reposiciones de programas televisivos que ni siquiera les gustan, del que dedican a aspectos de la vida que podrían nutrir sus corazones. Si recuerdas que lo que practiques será aquello en lo que te conviertas, puede que comiences a escoger diferentes tipos de prácticas.

71

Relaja tu mente

Pascal dijo: «Todos los problemas de la humanidad proceden de la incapacidad del hombre para permanecer sentado, en silencio, a solas en una habitación». Yo no estoy seguro de si llevaría el silencio hasta tal extremo, pero sí sé que una mente serena constituye los cimientos de la paz interior. Y la paz interior se traduce en paz exterior.

Aunque existen muchas técnicas para aplacar la mente, como la reflexión, la respiración profunda, la contemplación o la visualización, la técnica más universalmente aceptada y la que se usa con mayor regularidad es la meditación. Dedicando tan sólo entre cinco y diez minutos diarios, puedes entrenar tu mente para que esté llena de paz y armonía. Esta quietud puede ser incorporada a tu vida cotidiana, reduciendo tu tendencia a reaccionar e irritarte, y aportándote un mayor sentido de la perspectiva que te permitirá ver lo pequeños que son los problemas que tanto te agobian. La meditación te enseña a mantenerte en calma al proporcionarte la experiencia de la relajación absoluta. Te enseña a estar en paz.

Existen muchas formas y categorías de meditación. En esencia, sin embargo, la meditación implica dejar la mente vacía. Por lo general, se puede practicar a solas en un entorno silencioso. Cierras los ojos y concentras la atención en cómo respiras: inhalando, exhalando, inhalando, exhalando. A medida que los pensamientos entran en tu mente, los dejas marchar con delicadeza y vuelves a concentrarte en la respiración. Haz esto una y otra vez. Con el tiempo, lograrás aprender a mantenerte concentrado en la respiración mientras descartas con suavidad cualquier pensamiento que te aparte de ella.

Pronto descubrirás que la meditación no es fácil. Advertirás que la mente se te llena de pensamientos en el momento en que intentes mantenerla quieta. Es raro que un principiante logre mantener centrada la atención durante más de unos segundos. El truco para convertirse en un meditador eficaz reside en ser amable contigo mismo y ser constante. No te desanimes. Unos pocos minutos al día te rendirán tremendos beneficios, con el tiempo. Es probable que puedas encontrar clases de meditación en tu centro comunitario. O, si lo prefieres, puedes aprender con algún libro o, aún mejor, con una cinta grabada. (Resulta difícil leer con los ojos cerrados.) Mi método favorito es *How to Meditate*, de Larry Le Shan, disponible tanto en libro como en cinta magnetofónica. No conozco muchas personas a las que considere en paz consigo mismas, que no hayan pasado al menos un poco de tiempo experimentando con la meditación.

72

Practica el yoga

Al igual que la meditación, el yoga es un método muy popular y eficaz para transformarse en una persona más relajada y serena. Durante siglos, el yoga ha sido usado para limpiar y liberar la mente, aportando a las personas una sensación de tranquilidad y ecuanimidad. Resulta fácil y sólo requiere la dedicación de unos pocos minutos al día. Es más, las personas de prácticamente cualquier edad y condición física pueden hacer yoga. En una ocasión asistí a una clase en el gimnasio que incluía a un niño de diez años y a un anciano de ochenta y siete. La naturaleza del yoga no es competitiva. Uno trabaja a su propio ritmo.

Aunque el yoga está orientado al físico por naturaleza, los beneficios que aporta son tanto físicos como emocionales. En el área física, fortalece los músculos y la columna vertebral, dando una mayor flexibilidad. Por lo que atañe a la parte emocional, constituye un tremendo reductor del estrés. Equilibra la conexión cuerpo-mente-espíritu, aportando una sensación de alivio y paz.

La práctica del yoga implica una serie de estiramientos, que son suaves sin dejar de constituir un reto. Los estiramientos están destinados a abrir el cuerpo y alargar la columna. Se concentran en lugares muy específicos, habitualmente tensos y contraídos: el cuello, la espalda, las caderas, las piernas y la columna dorsal. Mientras estás estirándote, también te concentras en lo que estás haciendo.

Los efectos del yoga son asombrosos de verdad. Después de apenas unos minutos, te sientes más vivo y despierto, más plácido y relajado. Tu mente está limpia. El resto del día se hace más fácil y te concentras con mayor facilidad. Yo solía creer que estaba demasiado ocupado para hacer yoga. Pensaba que no tenía tiempo. Ahora estoy seguro de que es por completo al revés: no tengo tiempo para no practicar yoga. Es demasiado importante como para no hacerlo. Hace que me sienta joven y sano. También constituye una manera fabulosa y plácida de pasar tiempo con la familia y/o los amigos. En lugar de mirar juntos la televisión, mis dos hijas y yo a menudo ponemos un vídeo de yoga y pasamos unos minutos estirándonos juntos.

Al igual que la meditación, es fácil encontrar clases en un centro comunitario, la Asociación Cristiana de Jóvenes, o un gimnasio. Si prefieres aprender a través de un libro, mi favorito es *Richard Hittleman's Yoga Twenty-eight-Day Exercise Plan*. También existen muchas y buenas grabaciones de vídeo con las que puedes aprender, así como una revista dedicada exclusivamente al yoga: *Yoga Journal*.

73

Haz del voluntariado una parte integral de tu vida

Convertirse en una persona más bondadosa y afectuosa requiere acción. Irónicamente, no obstante, no hay nada específico que tengas que hacer, ninguna prescripción que debas seguir. La mayoría de los actos auténticos de bondad y generosidad parecen surgir más bien de modo espontáneo, como si la mente de la persona hubiera integrado por sí sola el concepto de servir a los demás.

Varios maestros y filósofos de los que he aprendido sugerían que comenzara el día planteándome la siguiente pregunta: «¿Cómo puedo prestar algún servicio?». Esto me ha resultado útil para recordar las innumerables maneras que tengo para ayudar a otros. Cuando me tomo tiempo para plantearme esta pregunta, me encuentro con que las respuestas surgen durante todo el día.

Si una de tus metas es ayudar a otros, encontrarás la manera más apropiada para hacerlo. Las oportunidades que tienes de prestar un servicio a alguien son infinitas. En ocasiones, la mejor manera que tengo de ayudar es ofrecerle mi casa a un amigo o amiga (incluso a un desconocido) en un momento de necesidad. Otras, consiste en cederle mi asiento a una persona anciana en el tren, ayudar a un niño a pasar de barra en barra en los juegos del parque, hablar ante un grupo, escribir un libro, ayudar en la escuela de mis hijas, rellenar un cheque para una obra de caridad, o recoger basura que está tirada en la calle. La clave, según creo yo, es recordar que ser realmente de ayuda a los demás no consiste en hacer una única cosa. No se trata de hacer algo bueno y preguntarse después por qué los demás no son también buenos, o no hacen nada por nosotros. Por el contrario, una vida de servicio es un proceso que abarca toda la existencia, una manera de ver la vida. ¿Hace falta sacar la basura? Si es así, adelante, sácala tú aunque no sea tu turno. ¿Alguien a quien conoces se muestra difícil? Tal vez necesita un abrazo o alguien que le escuche. ¿Sabes de alguna obra de caridad que tenga problemas? ¿Te es posible dar un poco más este mes?

Yo he descubierto que a veces la mejor manera de ayudar a otros es muy sencilla —es ese tipo de acto pequeño, silencioso, con frecuencia inadvertido, que puedo realizar de forma cotidiana—: apoyar a mi esposa en un nuevo empeño, o sencillamente dedicar tiempo y energía a escuchar. Sé que me queda un largo camino por recorrer hasta mi meta de convertirme en una persona más altruista. Sin embargo, también sé que desde que procuro integrar el servicio a los demás en mi vida, cada vez estoy más contento con la manera en que he elegido vivir. Hay un antiguo refrán que dice: «En el dar está la recompensa». Es muy cierto. Cuando das, también recibes. De hecho, lo que recibes es directamente proporcional a lo que das. Si aprendes a dar a los demás con generosidad, llegarás a sentir una paz que jamás habrías creído posible. Todos salen ganando, en especial tú.

74

Haz un favor y no pidas, ni esperes, otro a cambio

Ésta es una estrategia que puede ayudarte a integrar el servicio a los demás en tu vida. Te demostrará lo fácil que es, y lo bien que se siente uno al hacer algo bueno por alguien sin esperar nada a cambio.

Consciente o inconscientemente, siempre esperamos algo de los demás, en especial cuando hemos hecho algo por ellos: «Yo he limpiado el baño, ella debería limpiar la cocina». O: «Yo cuidé a su hijo la semana pasada, ella debería ofrecerse a cuidar del mío esta semana». Es casi como si lleváramos la cuenta de nuestras buenas acciones, en lugar de recordar que en el dar está la recompensa.

Cuando hagas algo bueno por alguien, simplemente porque sí, advertirás (si tienes la suficiente paz interior) una hermosa sensación de serenidad y paz. Del mismo modo que los ejercicios vigorosos hacen que tu cerebro segregue endorfinas y te sientas físicamente bien, tus actos de afectuosa bondad hacen que segregues el equivalente emocional de las endorfinas. La recompensa está en la sensación que despierta en ti el hecho de saber que has participado en un acto de bondad. No necesitas nada a cambio, ni siquiera un «gracias». Ni siquiera tienes necesidad de hacerle saber a la persona en cuestión lo que has hecho en su favor.

Lo que interfiere con este sentimiento plácido es nuestra expectativa de reciprocidad. Nuestros propios pensamientos interfieren con nuestras sensaciones de placidez al abarrotar nuestra mente, y quedamos atrapados en lo que creemos que queremos o necesitamos. La solución reside en ser consciente de que esperas algo a cambio, y descartar esa expectativa con suavidad. En ausencia de estos pensamientos, las sensaciones positivas regresarán.

Mira si se te ocurre algo realmente considerado que hacer por alguien, y no esperes nada a cambio: ya sea sorprender a tu cónyuge limpiando el garaje u ordenando su escritorio, podar el césped de tu vecino o regresar temprano a casa y ocuparte de los niños para que tu cónyuge pueda descansar. Cuando hayas acabado de hacer ese favor, mira si puedes conectar con la cálida sensación de saber que has hecho algo realmente bondadoso sin esperar nada de la persona a la que acabas de ayudar. Si practicas, creo que descubrirás que las sensaciones en sí son recompensa suficiente.

75

Piensa en tus problemas como en maestros potenciales

La mayoría de las personas estarían de acuerdo en decir que una de las principales fuentes de estrés de la vida son nuestros problemas. Hasta cierto punto, es verdad. Una valoración más exacta, sin embargo, sería decir que el estrés que experimentamos tiene más que ver con la manera en que nos enfrentamos con los problemas, que con los problemas en sí. En otras palabras, ¿hasta qué extremo convertimos nuestros problemas en un problema? ¿Los vemos como asuntos de una enorme gravedad o como maestros potenciales?

Los problemas llegan en numerosas formas, tamaños y grados de seriedad, pero todos tienen una cosa en común: nos ponen delante algo que desearíamos que fuera diferente. Cuanto más luchamos con nuestros problemas y cuanto más queremos que desaparezcan, peores parecen y más estrés nos provocan.

Irónicamente, por suerte, lo contrario también es verdad. Cuando aceptamos nuestros problemas como una parte inevitable de la vida, cuando los miramos como maestros potenciales, es como si nos hubieran quitado un peso de encima.

Piensa en un problema con el que hayas luchado durante

bastante tiempo. ¿Cómo has hecho frente a ese problema hasta ahora? Si eres como la mayoría de nosotros, es probable que hayas luchado, que lo hayas analizado una y otra vez, pero que no lo hayas solucionado. ¿Adónde te ha llevado toda esta lucha? Probablemente a más confusión y estrés de los que ya sufrías.

Ahora piensa en el problema de una manera distinta. En lugar de apartarlo y resistirte a él, intenta abrazarlo. Mentalmente, acércalo a tu corazón. Pregúntate qué lección o lecciones de valor podría enseñarte este problema. ¿Podría enseñarte a ser más cuidadoso o paciente? ¿Tiene algo que ver con la codicia, la envidia, la desconsideración o el perdón? ¿O con algo igualmente poderoso? Con independencia de qué problemas tengas, es probable que puedas aprender algo de ellos si te acostumbras a enfocarlos de modo menos negativo. Cuando pones los problemas bajo esta luz, se suavizan como un puño que comienza a abrirse. Pon a prueba esta estrategia, y creo que acabarás estando de acuerdo en que la mayoría de los problemas no son tan graves como nosotros creemos. Por lo general, cuando aprendemos lo que tienen para enseñarnos, comienzan a desaparecer.

76

Aprende a vivir con la incertidumbre sobre el mañana

Érase una vez un poblado que tenía entre sus habitantes a un anciano muy sabio. Los habitantes del pueblo confiaban en este hombre para que diera respuesta a sus preguntas y preocupaciones.

Un día, un granjero del poblado acudió a ver al anciano sabio y le dijo, con tono de agitación: «Hombre sabio, ayúdame. Ha sucedido algo horrible. ¡Mi buey ha muerto y no tengo ningún animal que me ayude a arar mi campo! ¿No es lo peor que podría haberme sucedido?». El anciano sabio le respondió: «Puede que sí, puede que no». El hombre se apresuró a regresar a la aldea e informar a sus vecinos que el anciano sabio se había vuelto loco. Sin duda, aquello era lo peor que podría haberle sucedido. ¿Por qué no podía verlo el sabio?

Al día siguiente, sin embargo, un caballo fuerte y joven fue visto cerca de la granja del hombre. Dado que el hombre no tenía ningún buey que lo ayudara, se le ocurrió la idea de atrapar al caballo para reemplazar al buey muerto, y así lo hizo. ¡Qué contento estaba el granjero! ¡Nunca había sido tan fácil arar su campo! Volvió a visitar al sabio para pedirle disculpas. «Tenías razón, hombre sabio. Perder a mi buey no era lo peor que podría haberme sucedido. ¡Ha sido una bendición! Nunca habría capturado a mi nuevo caballo, de no haber ocurrido eso. Tienes que estar de acuerdo conmigo en que es lo mejor que podría haberme sucedido.» El anciano sabio, volvió a replicar: «Puede que sí, puede que no». Otra vez no, pensó el granjero. No cabe duda de que ahora el sabio sí que se ha vuelto loco.

Pero, una vez más, el granjero no sabía lo que iba a acontecer. Pocos días más tarde, el hijo del granjero salió a montar el caballo. Éste lo arrojó al suelo y el chico se rompió una pierna. No podría ayudar con la cosecha. «Oh, no —pensó el granjero—. Ahora moriremos de hambre.» Una vez más, acudió a ver al sabio. Esta vez, le dijo: «¿Cómo sabías que la captura de mi caballo no era algo bueno? Has tenido razón otra vez. Mi hijo está herido y no podrá ayudar en la cosecha. Esta vez estoy seguro de que esto sí que es lo peor que podría haber sucedido. Esta vez tienes que estar de acuerdo conmigo». Pero, al igual que había hecho antes, el anciano sabio miró con serenidad al granjero y, con tono compasivo, volvió a responder: «Puede que sí, puede que no». Enfurecido a causa de la ignorancia del sabio, el granjero regresó al poblado como una tromba.

Al día siguiente, llegaron soldados para llevarse a todos los hombres físicamente capaces a la guerra que acababa de estallar. El hijo del granjero fue el único hombre joven de la aldea que no tuvo que marcharse. Viviría, mientras que los otros morirían con seguridad.

La moraleja de esta historia constituye una importante lección. La verdad es que no sabemos lo que va a suceder... sólo creemos saberlo. A menudo hacemos una montaña de algo. Construimos en nuestra mente la historia de todas las cosas terribles que van a suceder. En la mayoría de los casos nos equivocamos. Si mantenemos la calma y permanecemos abiertos a las posibilidades, podemos estar razonablemente seguros de que, antes o después, estaremos bien. Recuerda: puede que sí, puede que no.

77

Acéptate como eres

Se ha dicho que Zorba el griego se describió a sí mismo como «un completo desastre». La verdad es que todos somos un desastre, y desearíamos no serlo. Negamos las partes de nosotros mismos que consideramos inaceptables, en lugar de aceptar el hecho de que todos somos imperfectos.

Una de las razones por las que es importante que aceptes todos los aspectos de tu persona, es que te permite sentirte más cómodo y ser más compasivo contigo mismo. Cuando actúas con inseguridad o te sientes inseguro, en lugar de fingir «entereza», puedes abrirte a la verdad y decir para ti mismo: «Tengo miedo, y está bien». Si te sientes un poco celoso, codicioso o enojado, en lugar de negarlo u ocultar tus sentimientos, puedes abrirte a ellos, y eso te ayudará a superarlos con rapidez. Cuando dejes de pensar en tus sentimientos negativos como en algo tremendo, ya no te darán miedo. Cuando te abres a la totalidad de tu ser, ya no tienes necesidad de fingir que tu vida es perfecta, ni siquiera de abrigar la esperanza de que lo sea. En vez de eso, puedes aceptarte como eres, ahora mismo.

Cuando aceptas esas partes de ti que no son perfectas, comienza a suceder algo mágico. Junto con lo negativo, también empiezas a reparar en lo positivo, los aspectos maravillosos de tu ser por los que tal vez no te hayas atribuido mérito alguno, o de los que quizá ni siquiera eras consciente. Te darás cuenta de que, aunque a veces puedas actuar por propio interés, en otras ocasiones eres increíblemente desinteresado. A veces puede que actúes con inseguridad o miedo, pero con mayor frecuencia eres valiente. Aunque sin duda puedes ponerte tenso, también puedes estar muy relajado.

Abrirte a la totalidad de tu ser es como decirte: «Puede que no sea perfecto, pero estoy bien como soy». Cuando surjan características negativas puedes empezar a reconocerlas como partes de un cuadro más amplio. En lugar de juzgarte y evaluarte por el simple hecho de que eres un ser humano, intenta aceptarte a ti mismo. Puede que, en efecto, seas «un completo desastre», pero puedes tomártelo con calma. También lo somos el resto de nosotros.

78

Concédete un respiro

Cada una de las estrategias de este libro está destinada a ayudarte a que te conviertas en una persona más serena, plácida y afectuosa. No obstante, una de las piezas más importantes de este rompecabezas es recordar que tu meta es mantenerte relajado, no angustiarte ni preocuparte demasiado por cómo lo estás haciendo. Practica las estrategias, tenlas presentes, pero no te preocupes por ser perfecto. ¡Concédete un respiro! Habrá muchos momentos en los que se te escapen las cosas de las manos y recaigas en los hábitos de estar tenso, frustrado, estresado, o reacciones ante lo que consideras negativo: acostúmbrate a ello. Cuando te suceda, no pasa nada. La vida es un proceso, un acontecimiento después de otro. Cuando te pierdas, simplemente vuelve a empezar.

Uno de los errores más comunes que veo en las personas que están intentando hallar la paz interior, es que se sienten frustradas por las pequeñas recaídas. Una alternativa consiste en ver los errores como una manera de aprender, de explorar tu crecimiento y sentido de la perspectiva. Di para ti mismo: «Vaya, me he vuelto a perder. Bueno, la próxima vez lo haré de modo diferente». A medida que pase el tiempo, advertirás cambios espectaculares en tus reacciones ante la vida, pero no se producirán todos al mismo tiempo.

Una vez oí el título que proponían para un libro, que resume el mensaje de esta estrategia: *Yo no estoy bien, tú no estás bien, y eso está bien.* Concédete un respiro. Nadie va a acertar al cien por cien, ni siquiera en una proporción próxima a esa cifra. Lo único que importa es que, hablando en términos generales, estás haciendo las cosas lo mejor posible y avanzando en la dirección correcta. Cuando logres aprender a mantener el sentido de la perspectiva y a valorarte a ti mismo, aun cuando demuestres que eres humano, habrás dado un gran paso en tu camino hacia una vida más feliz.

79

Deja de culpar a los demás

Cuando algo no está a la altura de nuestras expectativas, somos muchos los que funcionamos según la suposición de que «ante la duda, tiene que ser culpa de algún otro». Mires a donde mires, verás que tengo razón: no se encuentra algo, así que algún otro tiene que haberlo cambiado de sitio; el coche no funciona bien, así que el mecánico tiene que haberlo reparado mal; tus gastos exceden tus ingresos, así que seguramente es porque tu cónyuge está gastando demasiado; la casa está desordenada, sin duda es porque tú eres la única que cumple con su parte; un proyecto se retrasa, es porque tus colegas del trabajo están incumpliendo sus deberes... y la lista continúa.

Este tipo de pensamiento acusador se ha vuelto extremadamente común en nuestra cultura. En el plano personal, nos ha llevado a creer que nunca somos responsables por completo de nuestros actos, problemas o felicidad. En el plano social, ha llevado a demandas legales frívolas y excusas ridículas que sacan a los criminales del apuro. Cuando tenemos el hábito de culpar a otros, culpamos a los demás de nuestro enojo, frustración, depresión, estrés e infelicidad.

En términos de felicidad personal, no podemos de ningún modo ser personas plácidas si al mismo tiempo culpamos a los demás. Indudablemente, existen ocasiones en que otras personas y/o circunstancias contribuyen a crear nuestros problemas, pero somos nosotros quienes debemos estar a la altura y hacernos responsables de nuestra propia felicidad. Las circunstancias no hacen a la persona, sino que la ponen de manifiesto.

A modo de experimento, fíjate en lo que sucede cuando dejas de culpar a otros por todas y cada una de las cosas de tu vida. Esto no significa que no hagas a la gente responsable de sus actos, sino que te haces tú mismo responsable de tu propia felicidad y de las reacciones que tienes ante las otras personas y las circunstancias que te rodean. Cuando la casa esté desordenada, en lugar de suponer que tú eres la única persona que cumple con su parte, ¡límpiala! Cuando te pases de presupuesto, mira en qué puedes gastar menos dinero. Lo más importante: cuando te sientas infeliz, recuerda que el único que puede hacerte feliz eres tú mismo.

Culpar a los demás requiere una enorme cantidad de energía mental. Es una actitud destructiva que provoca estrés y malestar. Culpabilizar a otros te hace sentir impotente respecto a tu propia vida, porque tu felicidad depende de las acciones y comportamiento de otros, cosas que tú no puedes controlar. Cuando dejes de culpar a otros, recuperarás de alguna forma las riendas de tu vida. Sabrás que eres perfectamente capaz de tomar tus propias decisiones, que cuando te alteras, estás jugando un papel clave en la creación de tus propios sentimientos. Esto significa también que puedes desempeñar un papel clave en la creación de sentimientos nuevos y más positivos. La vida resulta muchísimo más divertida y fácil de manejar cuando dejas de culpar a los demás. Ponlo a prueba y mira qué sucede.

80

Levántate temprano

He visto cómo esta simple estrategia práctica ayudaba a muchas personas a descubrir una vida más plácida, incluso más significativa.

Son muchísimas las personas que se despiertan, corren a prepararse, beben a toda prisa una taza de café y salen a la carga por la puerta camino del trabajo. Después de trabajar todo el día, regresan a casa, cansadas. Lo mismo suele ocurrir en el caso de los hombres y las mujeres que se quedan en casa con sus hijos: se levantan justo a tiempo para comenzar a hacer cosas para los críos. No hay prácticamente tiempo para nada más. Tanto si trabajas como si te ocupas de tu familia, o ambas cosas, en la mayoría de las ocasiones estás demasiado cansado como para disfrutar de tiempo para ti mismo. Como solución para el cansancio, la suposición más corriente es: «Será mejor que duerma todo lo que pueda». Así que el tiempo libre lo pasas durmiendo. Mucha gente se pasa la vida deseando poder dormir. ¡Sin duda tiene que haber algo más en la vida que trabajar, ocuparse de los hijos y dormir!

Otra manera de ver la fatiga es considerar que la falta de realización y la sensación de estar abrumado son dos cosas que contribuyen al cansancio. Y, contrariamente a lo que dicta la lógica popular, un poco menos de sueño y un poco más de tiempo para ti mismo podrían ser justo lo que necesitas para combatir la sensación de fatiga.

Reservarte una o dos horas sólo para ti —antes de comenzar tu actividad diaria— es un recurso que te ayudará a mejorar tu vida de un modo increíble. Yo suelo levantarme entre las tres y las cuatro de la madrugada. Después de una tranquila taza de café, por lo general dedico algo de tiempo a hacer yoga y unos minutos a la meditación. A continuación, suelo subir a mi estudio y escribir durante un rato, pero también tengo tiempo de leer uno o dos capítulos de algún libro que tenga entre manos. A veces sencillamente me siento durante unos minutos y no hago nada. Prácticamente cada día, dejo cualquier cosa que esté haciendo para disfrutar de la salida del sol cuando asoma tras la montaña. El teléfono nunca suena, nadie me pide que le haga nada, y no hay nada que tenga que llevar a cabo de modo ineludible. Es con mucho el momento más tranquilo del día.

Para cuando se despiertan mi esposa y mis hijas, me siento como si hubiese pasado toda una jornada de diversión. Con independencia de lo ocupado que esté ese día y de lo llena que esté mi agenda, yo sé que he tenido «mi rato». Nunca me siento defraudado (como por desgracia le sucede a mucha gente), como si mi vida no fuera mía. Creo que esto hace que esté más disponible para mi esposa y mis hijas, así como para mis clientes en el trabajo y para otras personas que confían en mí.

Muchas personas me han dicho que esta simple variación en su rutina ha sido el cambio más importante que han realizado jamás en su vida. Por primera vez, son capaces de llevar a cabo esas actividades tranquilas para las que nunca encontraban tiempo. De modo repentino, los libros comienzan a leerse, la meditación se practica, la salida del sol puede apreciarse. La plenitud que experimentas compensa con mucho cualquier tiempo de sueño que pierdas. Si es necesario, apaga el televisor por la noche, y vete a dormir una o dos horas antes de lo habitual.

81

Cuando intentes ser servicial, concéntrate en las pequeñas cosas

La madre Teresa dijo en una ocasión: «No podemos hacer grandes cosas en esta tierra. Sólo podemos hacer cosas pequeñas con gran amor». A veces, nuestros grandiosos planes para hacer grandes cosas en algún momento futuro interfieren con las oportunidades que tenemos de hacer pequeñas cosas ahora mismo. Un amigo me dijo una vez: «Me gustaría dedicar mi vida en ayudar a los demás, pero todavía no puedo hacer nada. Algún día, cuando tenga éxito, haré muchísimas cosas por otras personas». En el entretanto, hay personas hambrientas por las calles, ancianos a los que les vendría bien un poco de compañía, madres que necesitan que las ayuden con sus hijos, personas que no pueden leer, vecinos cuyas casas necesitan una mano de pintura, calles llenas de basura, personas que necesitan que las escuchen, y millares y millares de otras pequeñas cosas que es necesario hacer.

La madre Teresa tenía razón. No podemos cambiar el mundo, pero no es necesario cambiarlo para transformarlo en un lugar más alegre. Lo único que en realidad tenemos que hacer es concentrarnos en esos pequeños actos de bondad, cosas que podamos hacer ahora mismo. Personalmente, me gusta servir a los demás desarrollando mis propios rituales de ayuda y practicando actos de amabilidad espontáneos... casi siempre cosas pequeñas que me proporcionan una satisfacción y paz mental enormes. Con frecuencia, los actos de bondad más apreciados no son las donaciones millonarias de las grandes compañías, sino una hora de trabajo voluntario en una residencia de la tercera edad, o la donación de cinco dólares a alguien que no tiene apenas para vivir.

Si nos limitamos a pensar en lo poco que nuestros actos de bondad cambian el esquema general de las cosas, sin duda acabaremos frustrados... y probablemente usaremos nuestra desesperanza como excusa para no hacer nada. No obstante, si ponemos nuestro empeño en todo aquello que hacemos, sentiremos la alegría de dar y contribuiremos a hacer que nuestro mundo sea un poquitín más alegre.

82

Recuerda: dentro de cien años, todos calvos

Hace poco, mi amiga Patti compartió conmigo esta frase sabia que leyó en un libro de uno de sus autores favoritos. Ha contribuido a dar a mi vida un enorme sentido de la perspectiva.

En el esquema general de las cosas, cien años no es demasiado tiempo. Sin embargo, hay algo seguro: dentro de cien años, todos habremos desaparecido de este planeta. Si lo tenemos presente, es posible que dispongamos de la perspectiva que necesitamos durante los momentos que percibimos como de crisis o estrés.

Si se te pincha una rueda o te dejas las llaves dentro de casa al salir, ¿qué va a significar eso dentro de cien años? ¿Y si alguien ha actuado de forma desconsiderada para contigo, o si has tenido que quedarte levantado durante la mayor parte de la noche, trabajando? ¿Y si la casa no está limpia o se te estropea el ordenador? ¿Y si suponemos que no puedes permitirte unas necesarias vacaciones, comprarte un coche nuevo o mudarte a un piso más grande? Todas estas cosas y muchas otras adquieren una perspectiva insignificante cuando se las mira desde cien años de distancia.

Esta misma mañana me encontré en una encrucijada, y me puse tenso por una mini crisis que surgió en el trabajo. Se le dio la misma hora a dos personas y ambas se presentaron en el mismo momento para la misma cita. Lo que me salvó de alterarme excesivamente y ponerme demasiado tenso fue recordar que, dentro de cien años, nadie recordaría ese momento, a nadie le importaría. Tranquilamente, me hice responsable del error y una de las personas se contentó con que le cambiara la hora. Como suele suceder, esto era una «pequeñez» que con facilidad podría haberse transformado en una «montaña».

83

Alégrate

En la época actual parece que estamos todos demasiado serios. Mi hija mayor me dice con frecuencia: «Papá, ¿por qué estás tan serio otra vez?». Incluso aquellos que estamos comprometidos con la no seriedad, a menudo nos ponemos demasiado serios. La gente se siente frustrada y tensa por casi cualquier cosa: llegar con cinco minutos de retraso, que alguien se presente cinco minutos más tarde de la hora acordada, meterse en un atasco de tráfico, ver a alguien que nos mira mal o dice algo incorrecto, pagar facturas, esperar en una cola, que se pase la comida, cometer un error inintencionado... lo que quieras. Todos perdemos el sentido de la perspectiva por estas cosas.

En el fondo, el motivo de que nos sintamos tensos es nuestra renuencia a aceptar que la vida es diferente, en cualquier sentido, a nuestras expectativas. Sencillamente, queremos que las cosas sean de una manera determinada, pero no son así. La vida es como es. Quizá quien mejor lo expresó fue Benjamin Franklin: «Nuestra limitada perspectiva, nuestras esperanzas y miedos, se convierten en nuestra medida de la vida; y cuando las circunstancias no se corresponden con nuestras ideas, se transforman en nuestras dificultades». Nos pasamos la vida queriendo que las cosas, las personas y los acontecimientos sean exactamente como queremos nosotros... y cuando no lo son, nos asustamos y sufrimos.

El primer paso para recuperarse del exceso de seriedad es admitir que tienes un problema. Tienes que querer cambiar, ser más acomodadizo. Debes aprender a ver que gran parte de la tensión que sientes la provocas tú mismo, que surge del contraste entre la manera en que has estructurado tu vida y el modo en que reaccionas ante ella.

El siguiente paso es entender el nexo existente entre tus expectativas y lo frustrado que te sientes. Cada vez que esperas que algo sea de una determinada manera y no lo es, te trastornas y sufres. Por otro lado, cuando te desprendes de tus expectativas, cuando aceptas la vida como es, eres libre. Aferrarse a ellas significa estar serio y tenso. Desprenderse de ellas tiene como resultado la alegría.

Un buen ejercicio consiste en intentar abordar una jornada sin ninguna expectativa. No esperes que la gente sea cordial. Si no lo son, no te sentirás sorprendido ni molesto. Si lo son, quedarás encantado. No esperes que el día esté libre de problemas. En vez de eso, a medida que surjan los problemas, piensa: «Bueno, otro obstáculo que superar». Cuando abordes una jornada de esta manera, advertirás lo agradable que puede ser la vida. En lugar de luchar contra ella, bailarás con ella. Al cabo de poco, con la práctica, llevarás la alegría a la totalidad de tu existencia. Y cuando tienes alegría, la vida resulta muchísimo más divertida.

84

Ten una planta

A primera vista, esta sugerencia puede parecer extraña o superficial. ¿Qué bien puede hacerte tener una planta?

Una de las metas de la vida espiritual, y uno de los requisitos para la paz interior, es aprender a sentir afecto incondicional. El problema reside en que resulta muy difícil querer a una persona, a cualquier persona, de modo incondicional. La persona a la que intentamos querer, inevitablemente dice o hace cosas equivocadas o, de alguna manera, no cumple con nuestras expectativas. Así que nos sentimos molestos y le ponemos condiciones a nuestro cariño: «Te querré, pero tienes que cambiar. Tienes que actuar como yo quiero que actúes».

A algunas personas les resulta más fácil querer a sus mascotas que a las personas de su vida. Pero también resulta difícil querer incondicionalmente a una mascota. ¿Qué pasa cuando tu perro te despierta en mitad de la noche con ladridos innecesarios, o estropea tu alfombra favorita por accidente? ¿Sigues queriéndolo tanto como antes? Mis hijas tienen un conejo. ¡Me resultó muy difícil quererlo cuando hizo con los dientes un agujero en la hermosa puerta artesanal de madera que había instalado en la verja!

Una planta, sin embargo, es fácil de querer tal y como es.

Por lo tanto, cuidar de una planta te proporciona una oportunidad excelente para practicar el afecto incondicional.

¿Por qué la práctica totalidad de las tradiciones espirituales aboga por el afecto incondicional? Porque el afecto posee un enorme poder transformador. El afecto incondicional hace nacer sensaciones plácidas tanto en quien lo da como en quien lo recibe.

Elige una planta, de interior o exterior, que vayas a ver cada día. Dedícate a cuidarla y quererla como si se tratara de un bebé (es más fácil cuidar de una planta que de un bebé: nada de noches en blanco, ni de pañales, ni de llantos). Habla con tu planta, dile cuánto cariño le tienes. Quiere a tu planta tanto si florece como si no, tanto si vive como si muere. Simplemente, quiérela. Fíjate en cómo te sientes al ofrecerle a esta planta tu cariño incondicional. Cuando entregas este tipo de afecto, jamás te sientes agitado, ni irritado ni con prisas. Simplemente quieres. Practica este tipo de cariño cada vez que veas a tu planta, al menos una vez por día.

Después de algún tiempo, serás capaz de extender tu afecto más allá de la planta. Al advertir lo bien que te sientes cuando quieres, mira si puedes ofrecerle el mismo tipo de afecto a las personas que hay en tu vida. Practica el no necesitar que cambien o sean diferentes para recibir tu afecto. Quiérelas tal y como son. Tu planta puede ser una maestra maravillosa... que te enseñe el poder del cariño.

85

Cambia la actitud que tienes hacia tus problemas

Los obstáculos y los problemas forman parte de la vida. La verdadera felicidad no llega cuando nos libramos de todos nuestros problemas, sino cuando cambiamos nuestra actitud hacia ellos, cuando vemos nuestros problemas como una fuente potencial de lucidez, como una oportunidad para practicar la paciencia y para aprender. Quizá el principio más básico de la vida espiritual sea que los problemas son lo mejor para la práctica de mantener abierto el corazón.

Sin duda, es necesario poner remedio a algunos problemas. Muchos otros, sin embargo, son problemas que creamos nosotros mismos en el empeño por hacer que nuestras vidas sean diferentes. La paz interior se logra mediante la comprensión y aceptación de las inevitables contradicciones de la vida: el dolor y el placer, el éxito y el fracaso, el júbilo y la tristeza, los nacimientos y las muertes. Los problemas pueden enseñarnos a ser humildes y pacientes.

En la tradición budista, las dificultades son consideradas como algo tan importante para una vida de crecimiento y paz, que una plegaria tibetana de hecho las pide. Dice así: «Concédeme que se me den las dificultades y los sufrimientos apropiados en este viaje, para que mi corazón pueda estar verdaderamente despierto y mi práctica de liberación y compasión universal pueda verse satisfecha de verdad». Se considera que cuando la vida es demasiado fácil, hay menos oportunidades de auténtico crecimiento.

Yo no llegaría tan lejos como para recomendarte que te busques problemas. Lo que sí te sugeriría, sin embargo, es que pases menos tiempo huyendo de los problemas e intentando librarte de ellos y aprendas a aceptarlos como una parte inevitable, natural e importante de la vida; pronto descubrirás que la vida es más como una danza que como una batalla. Esta filosofía de aceptación es la base para dejarse llevar por la corriente.

86

La próxima vez que te encuentres discutiendo con alguien, en lugar de defender tus posturas intenta comprender primero el punto de vista del otro

Resulta interesante considerar que cuando estás en desacuerdo con alguien, la persona con la que estás en desacuerdo se siente en todo tan segura de su punto de vista como tú del tuyo. Y sin embargo siempre tomamos partido... ¡el nuestro! Es la manera que tiene nuestro ego de negarse a aprender nada nuevo. Es también un hábito que crea muchísimo estrés innecesario.

La primera vez que puse conscientemente a prueba la estrategia de asimilar primero el punto de vista del otro, descubrí algo maravilloso de verdad: no me hizo daño, aunque me acercó más a la persona con la que estaba en desacuerdo.

Supón que un amigo te dice: «Los liberales [o los conservadores] son la causa principal de nuestros problemas sociales». En lugar de defender de manera automática tu propia posición (cualquiera que sea), mira si puedes aprender algo nuevo. Dile a tu amigo: «Dime por qué piensas así». No digas esto con un plan oculto o preparándote para defender o demostrar tu postura, sino sencillamente para escuchar otro punto de vista. No intentes corregir ni hacer que tu amigo vea que está equivocado. Deja que sienta la satisfacción de tener razón. Practica la habilidad de saber escuchar.

Contrariamente a la creencia popular, esta actitud no hace de ti alguien débil. No significa que tus creencias no estén lo suficientemente arraigadas, ni que estés admitiendo estar equivocado. Lo único que estás haciendo es intentar conocer otro punto de vista: estás procurando entender en primer lugar. Por otra parte, no se requiere energía para permitir que otro tenga razón. De hecho, sucede lo contrario: te carga de energía a ti.

Cuando entiendes otras posiciones y puntos de vista, varias cosas maravillosas comienzan a suceder. Primero, puedes aprender algo nuevo, ampliar tus horizontes. Segundo, cuando la persona con la que hablas sienta que la estás escuchando, te apreciará y respetará mucho más que cuando saltabas a exponer tu propia posición. Si saltas, sólo consigues que tu interlocutor se reafirme y se ponga más a la defensiva. En casi todos los casos, si tú tienes una actitud más suave, la otra persona también la tendrá. Puede que no suceda de inmediato pero, con el tiempo, así será. Al procurar entender en primer lugar, estás poniendo el afecto y el respeto que sientes hacia la otra persona por encima de tu necesidad de tener razón. Estás practicando una forma de afecto incondicional. Otro beneficio es que tal vez consigas que la persona con quien estás hablando escuche tu punto de vista. Aunque no existe ninguna garantía de que vaya a escucharte, una cosa es segura: si tú no escuchas, tu interlocutor tampoco lo hará. Al ser la primera persona que tienda la mano y escuche, romperás la espiral de inflexibilidad.

87

Redefine la expresión «logro significativo»

A veces resulta fácil entusiasmarse excesivamente por nuestros llamados logros. Pasamos la vida cosechando logros, ganándonos elogios y reconocimiento y buscando aprobación... tanto que perdemos de vista lo que es importante de verdad.

Si le preguntas a una persona normal (como he hecho yo muchas veces): «¿Qué es un logro significativo?», las respuestas típicas serán cosas como: «Alcanzar una meta a largo plazo», «Ganar mucho dinero», «Ganar un partido deportivo», «Obtener un ascenso», «Ser el mejor», «Ganarte un elogio», y otras por el estilo. Casi siempre se hace hincapié en los aspectos externos de la vida: cosas que suceden fuera de nosotros mismos. Ciertamente, no hay nada malo en este tipo de logros, son una manera de apuntarse tantos y de mejorar nuestras circunstancias. Sin embargo, no constituyen los logros más importantes si tu meta es la de alcanzar la felicidad y la paz interior. Ver tu fotografía en el periódico local puede ser algo agradable, pero no es tan significativo como aprender a permanecer centrado ante la adversidad. No obstante, muchas personas señalarán su foto en el periódico como si fuera un gran éxito, pero no pensarán en «permanecer centrados» como un logro. ¿Dónde están nuestras prioridades?

Si ser alguien plácido y afectuoso se encuentra entre tus principales metas, ¿por qué no redefinir entonces tus logros más significativos como aquellos que fomentan y miden cualidades como la bondad y la felicidad?

Yo pienso en mis logros más significativos como algo que se origina dentro de mí mismo: ¿he sido bondadoso conmigo mismo y con los demás? ¿He reaccionado de modo exagerado ante un reto, o me comporté con calma y sosiego? ¿Soy feliz? ¿Me he aferrado al enojo, o he sido capaz de desprenderme de él y continuar adelante? ¿He sido demasiado inflexible? ¿He perdonado? Estas preguntas, y otras parecidas, nos recuerdan que la verdadera medida de nuestro éxito no procede de lo que hacemos, sino de quiénes somos y de cuánto afecto tenemos en el corazón.

En lugar de dejarte perder exclusivamente por los logros externos, procura hacer mayor hincapié en lo que importa de verdad. Cuando redefinas lo que significa conseguir un logro significativo, eso te ayudará a seguir el camino correcto.

88

Escucha tus sensaciones
(están intentando decirte algo)

Tienes a tu disposición un sistema de navegación a toda prueba para orientarte a través de la vida. Dicho sistema, que consiste únicamente en tus sensaciones, te hace saber cuándo te has desviado del camino y te diriges hacia la infelicidad y el conflicto... o cuándo vas bien encaminado, en dirección a la paz mental. Tus sensaciones actúan como un barómetro que te notifica cuál es el tiempo en tu interior.

Cuando no te encuentres atrapado en tus pensamientos, tomándote las cosas demasiado en serio, las sensaciones serán generalmente positivas. Esto constituirá una confirmación de que estás usando los pensamientos para tu propio beneficio. No es necesario realizar ningún ajuste mental.

Cuando tu experiencia de la vida no es agradable, cuando te sientes enojado, resentido, deprimido, estresado, frustrado, y cosas por el estilo, el sistema de alarma de tus sensaciones entra en funcionamiento, como una señal de peligro, para recordarte que te has desviado del camino, que ha llegado el momento de aminorar la marcha de tus pensamientos porque has perdido el sentido de la perspectiva. Entonces es necesario realizar reajustes mentales. Tus sensaciones negativas son algo así como una de las luces de alarma del salpicadero de tu coche. Cuando destella una, te hace saber que ha llegado el momento de aminorar.

Contrariamente a la creencia popular, las sensaciones negativas no necesitan ser estudiadas ni analizadas. Cuando analizas las sensaciones negativas que tienes, por lo general acabas luchando con una cantidad mayor de ellas.

La próxima vez que te sientas mal, en lugar de atascarte en una «parálisis analizadora», pregúntate por qué te sientes así, mira si tus sensaciones pueden ayudarte a recobrar la serenidad. No finjas que las sensaciones negativas no existen, pero procura reconocer que la razón de que te sientas triste, enojado, estresado, o lo que sea, es que estás tomándote la vida demasiado en serio: estás «sufriendo por pequeñeces». En lugar de subirte las mangas y luchar contra la vida, deténte, respira profundamente unas cuantas veces y relájate. Recuerda: la vida no será un problema a menos que tú la conviertas en un problema.

89

Si alguien te pasa la pelota, no tienes por qué cogerla

Mi mejor amigo, Benjamin Shield, me enseñó esta valiosa lección. A menudo, nuestros conflictos interiores son debidos a nuestra tendencia a saltar a bordo de los problemas de otros; alguien te pasa una preocupación, y tú supones que debes cogerla y responder. Por ejemplo, supón que estás realmente atareado cuando un amigo te llama y dice, en tono agitado: «Mi madre está volviéndome loco. ¿Qué debo hacer?». En lugar de responderle: «De verdad que lo siento, pero no sé qué sugerirte», coges automáticamente la pelota e intentas resolver el problema. Más tarde, te sientes estresado o resentido porque te has retrasado en tu programa de trabajo y porque todo el mundo parece plantearte exigencias. Resulta fácil perder de vista que tú mismo fomentas los dramas de tu vida.

Recordar que no tienes por qué coger la pelota es una manera muy eficaz de reducir el estrés de tu existencia. Cuando tu amigo o amiga llame, puedes dejar caer la pelota, lo cual quiere decir que no tienes necesidad de participar por la sencilla razón de que él o ella intenten implicarte. Si no te tragas el cebo, la persona probablemente llamará a otro para ver si quiere involucrarse.

Esto no significa que no debas coger nunca la pelota, sino que depende de ti el hacerlo. Tampoco significa que tu amigo te traiga sin cuidado, ni que seas obtuso o poco servicial. Desarrollar una actitud más tranquila con respecto a la vida requiere que conozcamos nuestros propios límites y que nos hagamos responsables de nuestra parte en el proceso. La mayoría de nosotros cogemos pelotas que nos pasan muchas veces al día: en el trabajo, nuestros hijos, amigos, vecinos, los vendedores, incluso los desconocidos. Si yo cogiera todas las pelotas que se arrojan en mi dirección, te aseguro que me volvería loco… ¡y supongo que lo mismo te pasaría a ti! La clave reside en saber cuándo estamos cogiendo otra pelota, con el fin de no sentirnos víctimas, resentidos ni abrumados.

Incluso algo tan sencillo como contestar al teléfono cuando estás demasiado ocupado como para hablar, es una forma de coger la pelota. Al contestar al teléfono, estás participando voluntariamente en un acto de comunicación para el cual tal vez no tengas tiempo, energía o predisposición mental en el momento presente. Con el simple acto de no responder a la llamada, estás aceptando la responsabilidad de tu propia paz mental. El mismo principio es aplicable cuando te hacen objeto de un insulto o una crítica. Cuando alguien arroja una idea o comentario hacia ti, puedes cogerlo y sentirte herido, o puedes dejarlo caer y continuar con tu vida.

La idea de «no coger la pelota» por el simple hecho de que sea arrojada hacia ti, es una poderosa herramienta que merece ser explorada. Espero que experimentes con ella. Puede que descubras que coges la pelota con muchísima más frecuencia de lo que crees.

90

Un acontecimiento pasajero más

Ésta es una estrategia que he incorporado hace poco a mi vida. Constituye un sutil recordatorio de que todo —lo bueno y lo malo, el placer y el dolor, la aprobación y la desaprobación, los aciertos y los errores, la fama y la infamia—, todo llega y se va. Todo tiene un comienzo y un final, y así debe ser.

Todas las experiencias que has tenido alguna vez, concluyeron. Cada pensamiento que has tenido, comenzó y acabó. Todas las emociones y estados anímicos que has experimentado, han sido reemplazados por otros. Has sentido felicidad, tristeza, celos, depresión, enojo, amor, vergüenza, orgullo y todas las otras emociones humanas concebibles. ¿Adónde han ido todas ellas? La respuesta es que, en realidad, nadie lo sabe. Lo único que sabemos es que, antes o después, todo desaparece en la nada. Dar entrada a esta verdad en tu vida es el comienzo de una liberadora aventura.

Nuestra decepción se produce esencialmente de dos maneras. Cuando experimentamos placer, deseamos que perdure por siempre. Nunca lo hace. O, cuando experimentamos dolor, queremos que desaparezca... ahora mismo. Por lo general tampoco lo hace. La infelicidad es el resultado de luchar contra el flujo normal de las experiencias.

Resulta enormemente útil experimentar con la conciencia de que la vida no es más que un acontecimiento tras otro. Un momento presente seguido de otro momento presente. Cuando está sucediendo algo de lo que disfrutamos, debemos tener presente que aunque resulta maravilloso sentir la felicidad que nos aporta, antes o después será reemplazado por alguna otra cosa, un tipo de momento distinto. Si estás conforme con eso, sentirás paz incluso cuando el momento cambie. Y si estás experimentando alguna clase de dolor o cosa desagradable, ten presente que también eso pasará. Tener esta certeza en tu corazón es un medio maravilloso para conservar el sentido de la perspectiva, incluso ante la adversidad. No siempre resulta fácil, pero suele ayudar.

91

Llena tu vida de afecto

No conozco a nadie que no quiera tener una vida llena de cariño y amor. Con el fin de que esto suceda, el esfuerzo tiene que comenzar dentro de nosotros. En lugar de esperar a que otras personas nos proporcionen el amor que necesitamos, nosotros debemos ser una imagen y una fuente de afecto. Debemos conectar con nuestra propia afectuosa bondad para dar un ejemplo que otros puedan seguir.

Se ha dicho que «la distancia más corta entre dos puntos es la voluntad». Sin duda, es algo cierto por lo que respecta a una vida llena de amor y afecto. El punto de partida o los cimientos son el deseo y el compromiso de ser una fuente de afecto. Nuestra actitud, actos de bondad y predisposición a ser el primero que tienda la mano, nos llevarán hacia dicha meta.

La próxima vez que te sientas frustrado por la falta de afecto y amor de tu vida, o por la falta de afecto y amor en el mundo, haz un experimento. Olvídate del mundo y de las demás personas durante un minuto. En cambio, mira dentro de tu propio corazón. ¿Puedes convertirte en una fuente de afecto y amor mayores? ¿Puedes tener pensamientos afectuosos para contigo mismo y para con otras personas? ¿Puedes extender estos pensamientos de afecto hacia el exterior, hacia el resto del mundo… incluso a personas que crees que no lo merecen?

Al abrir tu corazón a la posibilidad de un amor y un afecto más grandes, y al convertirte tú mismo en una fuente de ambas cosas (en lugar de recibirlas) como principal prioridad, estarás dando un importante paso en la consecución del afecto y amor que deseas. También descubrirás algo verdaderamente notable. Cuanto más amor y afecto des, más recibirás. Al hacer más hincapié en ser una persona afectuosa, cosa que tú puedes controlar —y menos hincapié en recibir afecto, cosa que no puedes controlar—, te encontrarás con que tienes abundancia de afecto en tu vida. Pronto descubrirás uno de los más grandes secretos del mundo: en el querer está la recompensa.

92

Toma conciencia del poder de
tus propios pensamientos

Si pudieras adquirir conciencia de una sola dinámica mental, lo más importante sería que conocieras la relación existente entre lo que piensas y lo que sientes.

Es importante que te des cuenta de qué estás pensando en todo momento. ¡No te dejes engañar por la creencia de que ya eres consciente de este hecho! Piensa, por un momento, en tu respiración. Hasta este momento, cuando estás leyendo esta frase, sin duda habías perdido de vista el hecho de que estabas haciéndolo. La verdad es que, a menos que te quedes sin aliento, sencillamente te olvidas de ello.

El pensamiento funciona de la misma manera. Debido a que siempre lo estás haciendo, resulta fácil olvidar que sucede, y se vuelve invisible para ti. A diferencia de la respiración, sin embargo, olvidarte de que estás pensando puede provocar algunos graves problemas en tu vida, como la infelicidad, el enojo, los conflictos internos y el estrés. La razón de que sea así es que tus pensamientos siempre volverán a ti en forma de sensaciones: existe una relación causa-efecto.

¡Intenta enojarte sin tener antes pensamientos de enojo! Muy bien, ahora intenta sentirte estresado sin tener antes pensamientos estresantes —o triste sin tener pensamientos

211

tristes—, o celoso sin tener pensamientos de celos. No puedes hacerlo… es imposible. La verdad es que, para tener una sensación, primero debes tener un pensamiento que la produzca.

La infelicidad no existe ni puede existir por su propia cuenta. La infelicidad es la sensación que acompaña a los pensamientos negativos acerca de la propia vida. En ausencia de ese pensamiento, la infelicidad, o el estrés, o los celos, no pueden existir. Lo único que hace que persistan tus sensaciones negativas son tus propios pensamientos. La próxima vez que te sientas trastornado, fíjate en lo que piensas: será algo negativo. Recuérdate a ti mismo que son tus pensamientos lo que es negativo, no tu existencia. Este sencillo descubrimiento constituirá el primer paso para que puedas volver a la senda que lleva a la felicidad. Requiere práctica, pero puedes llegar al punto de reaccionar a tus pensamientos negativos del mismo modo que reaccionas ante las moscas en una comida campestre. Las espantas y continúas con lo que estás haciendo.

93

Abandona la idea de que «cuanto más mejor»

Vivimos en la cultura más opulenta que jamás haya visto el mundo. Se estima que aunque hay sólo un seis por ciento de la población mundial concentrada en Estados Unidos, usamos casi la mitad de los recursos naturales del globo terráqueo. A mí me parece que si «más» fuese de verdad «mejor», viviríamos en la cultura más feliz y más satisfecha de todos los tiempos. Pero no es así. Ni siquiera de lejos. De hecho, vivimos en una de las culturas más insatisfechas que se conocen.

No se trata de que tener montones de cosas sea malo, erróneo o dañino en y por sí mismo, sino sólo de que el deseo de tener más y más y más es insaciable. Mientras pienses que más es mejor, nunca estarás satisfecho.

En cuanto conseguimos algo, o logramos una meta, la mayoría de nosotros simplemente continúa hacia la cosa siguiente... de inmediato. Esto anula nuestra capacidad para apreciar la vida y nuestras muchas bendiciones. Conozco a un hombre, por ejemplo, que compró una hermosa casa en una zona bonita. Se sintió feliz hasta el día después de mudarse a ella. Entonces la emoción desapareció. De inmediato, deseó haber comprado una casa más grande y más bonita. Su idea de que «más es mejor» no le permitió disfrutar de la casa nueva, ni siquiera durante un día. Lamentablemente, no es el único. En diferentes grados, todos somos así. Ha llegado hasta el punto de que cuando el Dalai Lama obtuvo el Premio Nobel de la Paz en 1989, una de las primeras preguntas que le hicieron fue: «¿Qué será lo siguiente?». Da la impresión de que, con independencia de lo que hagamos —comprar una casa o un coche, tomar una comida, encontrar pareja, adquirir ropa, incluso ganar un prestigioso premio—, nunca es suficiente.

El truco para superar esta insidiosa tendencia consiste en convencerte a ti mismo de que más no es mejor, y que el problema no reside en lo que no tienes, sino en el anhelo de tener más. Aprender a sentirte satisfecho no significa que no puedas, no debas o no vayas a querer nunca más que lo que tienes, sino sólo que tu felicidad no depende de ello. Puedes aprender a sentirte feliz con lo que posees aprendiendo a centrarte en el presente, en lo que tienes, no en lo que querrías tener. Cuando te asalte el pensamiento de las cosas que harían que tu vida fuera un poco mejor, recuérdate a ti mismo con amabilidad que, aun en el caso de que consiguieras lo que crees necesitar, no te sentirías ni una pizca más satisfecho, porque la misma postura que te impulsa a querer más ahora, te impulsará a querer más después.

Aprende a apreciar las cosas de las que ya disfrutas. Mira tu vida con ojos nuevos, como si la vieras por primera vez. Si lo haces, descubrirás que a medida que nuevas posesiones o logros lleguen a tu vida, aumentará tu capacidad para apreciarlos.

Una excelente medida de la felicidad es la diferencia entre lo que tienes y lo que quieres. Puedes pasarte la vida queriendo más, persiguiendo siempre la felicidad… o puedes decidirte por desear menos de modo consciente. Esta última estrategia es infinitamente más fácil y satisfactoria.

94

Pregúntate siempre: «¿Qué es realmente importante?»

Resulta fácil perderse y sentirse abrumado en medio del caos, las responsabilidades y las metas de la vida. Una vez abrumado, resulta tentador olvidar y posponer aquello que es más cercano y querido para nuestro corazón. Yo he descubierto que resulta útil preguntarse siempre: «¿Qué es realmente importante?».

Como parte de mi rutina de primeras horas de la mañana, dedico unos pocos segundos a formularme esta pregunta. Recordarme a mí mismo lo que importa de verdad me ayuda a mantener en orden mis prioridades. Me recuerda que, a pesar de la multitud de responsabilidades que tengo, cuento con la posibilidad de decidir lo que es más importante en mi vida y a qué quiero dedicar la mayor parte de mis energías: estar a disposición de mi esposa y mis hijas, escribir, practicar mi trabajo interior, y demás.

A pesar de su apariencia simplista en exceso, esta estrategia me ha resultado inmensamente útil para no desviarme del camino. Cuando dedico unos momentos a recordarme a mí mismo lo que es realmente importante, me encuentro con que estoy más centrado en el presente, voy con menos prisas, y el hecho de tener razón pierde su atractivo. Por el contrario, cuando olvido recordarme lo que importa de verdad, descubro que puedo perder de vista mis prioridades con rapidez y, una vez más, perderme en mi actividad. Salgo corriendo por la puerta, trabajo hasta tarde, me impaciento, me salto el ejercicio y hago otras cosas que están en conflicto con las metas que me he marcado en mi vida.

Si de manera regular dedicas un minuto a preguntarte: «¿Qué es realmente importante?», puede que descubras que algunas de las elecciones que estás haciendo se hallan en conflicto con las metas que te has propuesto alcanzar. Esta estrategia puede ayudarte a alinear tus actos con tus metas, e impulsarte a tomar decisiones más conscientes y afectuosas.

95

Confía en tu intuición

¿Cuántas veces te has dicho a ti mismo, después de los hechos, «ya sabía yo que debería haber hecho eso»? ¿Cuántas veces sabes intuitivamente una cosa pero te convences de abandonar ese pensamiento?

Confiar en tu intuitivo corazón significa escuchar y confiar en esa queda voz interior que sabe lo que necesitas hacer, qué acciones deben ser emprendidas, o qué cambios es necesario realizar en tu existencia. Muchos de nosotros no escuchamos nuestra intuición por miedo a saber realmente algo si no lo pensamos bien, o por miedo a que las respuestas legítimas no puedan resultar tan obvias. Nos decimos cosas como: «Es imposible que eso sea correcto», o «Es imposible que yo haga eso». Y, en cuanto permitimos que nuestra mente pensante entre en escena, nos convencemos de abandonar. Luego justificamos en favor de nuestras limitaciones, y nos quedamos con ellas.

Si puedes superar el miedo a equivocarte si te dejas guiar por tu intuición, si puedes aprender a confiar en ella, tu vida se convertirá en la aventura mágica que está destinada a ser. Confiar en tu intuición es como eliminar las barreras que te separan del placer y la sabiduría. Es la manera de abrir los ojos y el corazón a tu más maravillosa fuente de saber y armonía.

Si no estás familiarizado con el acto de confiar en la intuición, empieza por reservarte un rato de tranquilidad para limpiar la mente y escuchar. Pasa por alto y descarta cualquier pensamiento habitual o derrotista que entre en tu mente, y presta atención sólo a los pensamientos sosegados que comiencen a surgir. Si te encuentras con que aparecen en tu mente pensamientos poco usuales aunque afectuosos, toma nota de ellos y emprende la acción. Si, por ejemplo, sientes el impulso de escribirle a alguien a quien quieres o llamarle por teléfono, ponte en movimiento y hazlo. Si tu intuición te dice que necesitas aminorar la marcha o dedicarte más tiempo a ti mismo, procura que eso se haga realidad. Si te acuerdas de un hábito que requiere atención, préstale atención. Descubrirás que cuando la intuición te transmita un mensaje y tú respondas con la acción, te verás recompensado con experiencias positivas, afectuosas. Comienza hoy mismo a confiar en tu intuición y verás un mundo de diferencias en tu vida.

96

Ábrete al «¿Qué es...?»

Uno de los principios espirituales más básicos de muchas filosofías es la idea de abrirse al «¿Qué es?» en lugar de insistir en que la vida sea de una manera determinada. Esta idea es de gran importancia porque una buena parte de nuestra lucha interior se origina en nuestro deseo de controlar la vida, de insistir en que sea diferente de como es en realidad. Pero la vida no siempre es (e incluso lo es en contadas ocasiones) como a nosotros nos gustaría que fuese: es sencillamente como es. Cuanto mayor sea nuestra rendición a la verdad del momento, mayor será nuestra paz mental.

Cuando tenemos ideas preconcebidas acerca de cómo debería ser la vida, éstas interfieren con nuestras oportunidades de disfrutar o aprender del momento presente. Nos impiden aceptar lo que estamos viviendo, y que puede ser una oportunidad de adquirir enorme lucidez.

En lugar de reaccionar negativamente a las protestas de un niño o la desaprobación de tu cónyuge, intenta abrir el corazón y aceptar el momento por lo que es. Acepta la situación cuando ellos no actúen exactamente como a ti te gustaría que lo hicieran. O, si se rechaza un proyecto en el que has estado trabajando, en lugar de sentirte fracasado, intenta pensar: «Bueno, un rechazo. La próxima vez conseguiré que lo aprueben». Respira profundamente y suaviza tu reacción.

Éstas son las formas de abrir el corazón, no para fingir que te gustan las quejas, la desaprobación o el fracaso, sino para trascenderlos... para aceptar el hecho de que la vida no esté haciendo las cosas según tú lo habías planeado. Si puedes aprender a abrir el corazón en medio de las dificultades de la vida cotidiana, pronto descubrirás que muchas de las cosas que siempre te habían molestado dejarán de ser molestias. Tu sentido de la perspectiva se ampliará. Cuando te pones a luchar con aquello que quieres solucionar, la vida puede convertirse en una batalla considerable, casi como un partido de tenis en el que tú eres la pelota. Pero cuando te rindes al momento, aceptas lo que está sucediendo, te sientes bien con ello, comienzan a emerger más sensaciones plácidas. Prueba esta técnica con algunos de los pequeños retos con que te enfrentes. De modo gradual, serás capaz de extender esa misma conciencia a cosas más grandes. Es una manera verdaderamente muy intensa de vivir.

97

Ocúpate de tus propios asuntos

Resulta bastante duro intentar alcanzar la serenidad cuando te enfrentas con tus propias tendencias mentales, problemas, complicaciones de la vida real, hábitos, y las complicaciones y complejidades de la existencia. Pero cuando te sientes impulsado a enfrentarte con los problemas de otras personas, la meta de convertirte en alguien más plácido se vuelve prácticamente imposible.

¿Con qué frecuencia te encuentras diciendo cosas como las siguientes?: «Si yo fuera ella, no haría eso», o «No puedo creer que haya hecho algo así», o «¿En qué estará pensando esa chica?». ¿Con qué frecuencia te sientes frustrado, molesto, irritado o preocupado por cosas que no solamente no puedes controlar ni puedes contribuir a solucionar, sino que además no son asunto tuyo?

Esto no es una prescripción para que evites ayudar a los demás. Tiene que ver más bien con saber cuándo ayudar y cuándo no meterse en algo. Yo era de esas personas que intervienen e intentan resolver un problema sin que nadie se lo pida. No sólo mis esfuerzos resultaban inútiles, sino que casi nunca eran apreciados, y a veces incluso creaban resentimiento. Desde que me he recuperado de mi necesidad de involucrarme en demasiadas cosas, mi vida se ha vuelto mucho más sencilla. Y ahora que no ando entrometiéndome donde no me llaman, estoy más disponible para ayudar cuando me lo piden o me necesitan de verdad.

Ocuparte de tus propios asuntos es algo que va más allá del simple hecho de evitar la tentación de intentar solucionar los problemas de otras personas. Incluye también el escuchar con disimulo las conversaciones de otros, el chismorreo, el hablar a espaldas de la gente, y el analizar o intentar desentrañar la naturaleza de los demás. Una de las principales razones por las que la mayoría de nosotros nos concentramos en los defectos y los problemas de otros, es para evitar mirarnos a nosotros mismos.

Cuando te sorprendas metiéndote donde no te corresponde, felicítate por tener la humildad y la sabiduría necesarias como para retroceder. En menos de nada habrás dejado libres toneladas de energía que te permitirán concentrar tu atención donde sea relevante o necesaria de verdad.

98

Busca lo extraordinario dentro de lo corriente

Una vez oí hablar de dos trabajadores a los cuales abordó un periodista. El periodista le preguntó al primer trabajador: «¿Qué está haciendo?». Su respuesta fue quejarse de que era prácticamente un esclavo, un enladrillador mal pagado que pasaba los días malgastando su tiempo, poniendo ladrillos uno encima del otro.

El periodista le formuló la misma pregunta al segundo trabajador. La respuesta, no obstante, fue muy diferente: «Soy la persona más afortunada del mundo —dijo—. Consigo formar parte de hermosas e importantes obras de arquitectura. Contribuyo a convertir sencillos trozos de ladrillo en exquisitas obras maestras».

Los dos tenían razón.

La verdad es que vemos en la vida lo que queremos ver. Si buscas fealdad, encontrarás muchísima. Si quieres hallar defectos en otras personas, en tu carrera, o en el mundo en general, sin duda los encontrarás. Pero lo contrario también es verdad. Si buscas lo extraordinario en lo corriente, puedes entrenarte para verlo. Este último enladrillador ve catedrales en los trozos de ladrillo. La pregunta es: ¿puedes hacerlo tú? ¿Puedes ver el extraordinario sincronismo que existe en nuestro mundo; la perfección de las acciones del universo; la extraordinaria hermosura de la naturaleza; el increíble milagro de la vida humana? Para mí, es una cuestión de voluntad. Hay muchísimas cosas por las que sentirse agradecido, muchísimas cosas por las que sentir reverencia. La vida es preciosa y extraordinaria. Pon atención a este hecho y las cosas pequeñas, corrientes, adquirirán un significado por completo nuevo.

99

Dedica algún tiempo a tu trabajo interior

En el terreno de la planificación económica existe un principio universalmente aceptado: es de importancia crítica pagarte primero a ti mismo, antes de pagar tus otras cuentas... pensar en ti mismo como acreedor. El razonamiento de esta sabiduría económica reside en que si esperas para ahorrar dinero hasta que todos los demás hayan recibido su pago, ¡no quedará nada para ti! El resultado será que pospondrás constantemente tu plan de ahorros hasta que sea demasiado tarde como para remediarlo. Sin embargo, hete aquí que si te pagas primero a ti mismo, de alguna forma habrá justo lo suficiente para pagarles también a todos los demás.

Es de una importancia crítica poner en práctica el mismo principio en tu programa de trabajo espiritual. Si esperas hasta que todas tus otras tareas, responsabilidades y cada una de las otras cosas esté concluida antes de comenzar, nunca lo harás. Te lo garantizo.

Yo he descubierto que reservar un rato, cada día, como si se tratara de una verdadera consulta, es la única manera de asegurar que me dedicaré tiempo a mí mismo. Puedes levantarte más temprano, por ejemplo, y programar una hora que quede reservada para leer, rezar, reflexionar, meditar, hacer yoga, ejercicio, o cualquier cosa a la que quieras dedicar ese tiempo. Cómo decidas emplear esa hora depende de ti. Lo importante es que programes ese rato y te ciñas al programa.

Yo tuve una cliente que contrataba a una canguro dentro de un horario regular para tener la posibilidad de hacer las cosas que sentía necesidad de hacer. Hoy en día, más de un año después, sus esfuerzos le han rendido enormes dividendos. Es más feliz de lo que jamás habría creído posible. Me dijo que hubo una época en la que jamás habría imaginado que contrataría a una canguro para asegurarse este tipo de tiempo de calidad para sí misma. ¡Ahora que ya lo ha hecho, no puede imaginarse lo contrario! Si tomas la decisión, puedes encontrar el tiempo que necesitas.

100

Vive este día como si fuese el último de tu existencia. ¡Podría serlo!

¿Cuándo vas a morir? ¿Dentro de cincuenta años, de veinte, de diez, de cinco, hoy mismo? La última vez que lo pregunté entre mis clientes, ninguno supo darme una respuesta. A menudo me pregunto, cuando escucho las noticias: el hombre que murió en un accidente de tráfico cuando iba del trabajo a casa, recordó decirles a los miembros de su familia lo mucho que les quería? ¿Vivió bien? ¿Amó bien? Tal vez lo único seguro es que aún le quedaban cosas en la «carpeta de asuntos pendientes» que todavía estaban por acabar.

La verdad es que ninguno de nosotros tiene la más remota idea de cuánto nos queda por vivir. Lo lamentable, sin embargo, es que actuamos como si fuésemos a vivir eternamente. Posponemos las cosas que, en el fondo, sabemos que queremos hacer: decirles a las personas que queremos lo mucho que nos importan, pasar tiempo a solas, visitar a un buen amigo, hacer esa hermosa excursión, correr un maratón, escribir una carta afectuosa, ir de pesca con nuestra hija, aprender a meditar, convertirnos en alguien que sabe escuchar mejor, y muchas otras cosas. Exponemos razonamientos elaborados y sofisticados para justificar nuestras acciones, y acabamos dedicando más tiempo y energía a hacer cosas que al fin y al cabo no son tan importantes. Argumentamos en favor de nuestras limitaciones, y se convierten en nuestras limitaciones.

Me parece apropiado acabar este libro sugiriéndote que vivas cada día como si fuera el último que pasarás en la tierra. No sugiero esto como prescripción para que seas imprudente ni para que abandones tus responsabilidades, sino para que recuerdes lo preciosa que la vida es en realidad. Un amigo mío dijo una vez: «La vida es demasiado importante como para tomársela demasiado en serio». Diez años después, sé que tenía razón. Espero que este libro te haya resultado útil, y continúe prestándote ayuda. Por favor, no olvides la estrategia más básica de todas: *¡No sufras por pequeñeces!* Concluiré este libro diciendo sinceramente que te deseo el bien.

Cuídate como un tesoro

Si deseas saber algo más, incluida la información sobre seminarios, cintas grabadas y otro tipo de material, o si quieres contarme cómo haces para acordarte de no sufrir por pequeñeces, puedes escribirme, enviando un sobre con tu dirección escrita y los sellos puestos a: P.O. Box 1196, Orinda, California 94563. Gracias.

Lecturas sugeridas

Las siguientes son algunas de mis lecturas preferidas que pueden arrojar más luz sobre las estrategias listadas en esta obra.

Bailey, Joseph, *The Serenity Principle,* Harper & Row, San Francisco, 1990.

Boorstein, Sylvia, *It's Easier Than You Think,* HarperCollins, San Francisco, 1996.

Carlson, Richard, *You Can Be Happy No Matter What,* New World Library, San Rafael, California, 1992.

—, *You Can Feel Good Again,* Plume, Nueva York, 1993.

—, *Short Cut Through Therapy,* Plume, Nueva York, 1995.

—, *Handbook for the Soul,* Little, Brown, Nueva York, 1995.

—, *Handbook for the Heart,* Little, Brown, Nueva York, 1996.

Chopra, Deepak, *The Seven Spiritual Laws of Success,* New World Library, San Rafael, California, 1994.

—, *Ageless Body, Timeless Mind,* Nueva York, Harmony, 1993.

Dyer, Wayne, *Real Magic,* HarperCollins, Nueva York, 1992. [Trad. cast., *Tus zonas mágicas,* Grijalbo, Barcelona, 1993.]

—, *The Sky's the Limit,* Pocket Books, Nueva York, 1980. [Trad. cast., *El cielo es el límite,* Grijalbo, Barcelona, 1993.]

—, *Your Sacred Self,* Harfer Paperback, Nueva York, 1995. [Trad. cast., *Tu yo sagrado,* Grijalbo, Barcelona, 1993.]

—, *Your Erroneous Zones,* Harfer, Nueva York, 1976. [Trad. cast., *Tus zonas erróneas,* Grijalbo, Barcelona, 1993.]

Hay, Louise, *Life,* Hay House, Carson, California, 1995.

Hittleman, Richard, *Richard Hittleman's Twenty-eight-Day Yoga Exercise Plan,* Bantam, Nueva York, 1983.

Kabat-Zinn, Jon, *Wherever You Go, There You Are,* Hyperion, Nueva York, 1994.

Kornfield, Jack, *A Path with Heart,* Bantam, Nueva York, 1993.

Le Shan, Larry, *How to Meditate* (cinta), Audio Renaissance, Los Ángeles, 1987.

Levine, Stephen, and Ondrea Levine, *Embracing the Beloved,* Anchor Books, Nueva York, 1995.

Salzberg, Sharon, *Loving Kindness,* Shambhala, Boston, 1995.

Schwartz, Tony, *What Really Matters?,* Bantam, Nueva York, 1995.

Siegel, Bernie, *Love, Medicine and Miracles,* Harper Perennial, Nueva York, 1986.

Williamson, Marianne, *A Return to Love,* HarperCollins, Nueva York, 1993.